[美] 托德·威特克尔 Todd Whitaker　杰弗里·佐尔 Jeffrey Zoul 著

The 4 Core Factors for School Success

如何当好一名学校中层

快速提升中层能力、成就优秀学校的31个高效策略

中国青年出版社
CHINA YOUTH PRESS

图书在版编目(CIP)数据

如何当好一名学校中层：快速提升中层能力、成就优秀学校的31个高效策略/(美)托德·威特克尔,(美)杰弗里·佐尔著；刘媛儒，黄晓玉译.
—北京：中国青年出版社,2017.5
书名原文：4 CORE Factors for School Success
ISBN 978-7-5153-4651-9

Ⅰ.①如… Ⅱ.①托… ②杰… ③刘… ④黄… Ⅲ.①中小学－学校管理 Ⅳ.①G637

中国版本图书馆CIP数据核字（2016）第325732号

The 4 Core Factors for School Success / by Todd Whitaker and Jeffrey Zoul / ISBN: 9781596670907

如何当好一名学校中层：
快速提升中层能力、成就优秀学校的31个高效策略

作　　者：［美］托德·威特克尔　杰弗里·佐尔
译　　者：刘媛儒　黄晓玉
责任编辑：肖妩嫔　于　典
美术编辑：张燕楠
出　　版：中国青年出版社
发　　行：北京中青文文化传媒有限公司
电　　话：010-65511272/65516873
公司网址：www.cyb.com.cn
购书网址：zqwts.tmall.com
印　　刷：大厂回族自治县益利印刷有限公司
版　　次：2017年5月第1版
印　　次：2024年10月第8次印刷
开　　本：787mm×1092mm　1/16
字　　数：104千字
印　　张：10.5
京权图字：01-2015-7034
书　　号：ISBN 978-7-5153-4651-9
定　　价：49.00元

THE 4 CORE FACTORS FOR SCHOOL SUCCESS

目 录

THE 4 CORE FACTORS

FOR SCHOOL SUCCESS

Chapter

1

第一章

关注教育最核心的价值

CLARIFYING

YOUR C.O.R.E

许多年前，托马斯·杰斐逊明智地说过：“在风格方面，可以随波逐流；但在原则方面，则要坚如磐石。”现如今，这个忠告，尤其是对于那些教育领域的人来说仍然适用，因为风格问题似乎有时会妨碍合理的教育原则。总体而言，我们在各级教育体系中也已经积累了50多年的经验。近年来，我们已经看到许多“风格问题”大张旗鼓地进入了学校，在一到两年后又给新的潮流让路。尽管多年来我们已经接受了许多风格上的变化，哪怕是微细的变化我们也需要调整传统做法，但是我们仍然自始至终地坚持我们的核心信念和原则。在我们职业生涯的早期，每个人都已意识到教育项目会转瞬即逝。其中一些项目效果似乎非常不错，而另一些项目则似乎不太成功。私下里我们总感觉，项目成功的可变因素与其说取决于项目本身，不如说取决于负责实施项目的人。这个观察产生了托德常被引用的观点："是人，而不是项目本身"起着重要的作用。尽管这些项目经常会改变，那些必须完成这些项目的人（即老师和学校管理者）一般情况下都没有改变，他们每年——似乎是周期性地——对最新项目的提议进行调整。尽管在一连串稳定的变化中启动项目让人感到沮丧，但是我们都能在这些情况下"跟随潮流"。我们这么做能获得成功的部分原因是，我们坚定不移地遵循我们的核心原则，无论周围发生了什么变化，我们都不断地提醒自己什么才是真正重要的。

在早期出版的书籍中，托德阐明了每位老师和学校管理者明确核心价值的重要性，这对于任何一个教育工作者获得成功都是至关重要的。作为一个学校中层管理者，我们真正关注的应该是最重要的核心价值，这不仅是为了生存，而且是为了发展。我们必须依靠我们的核心原则以看清当今潮流的变化。我们意识到阅读这本书的每位学校管理人员都是一个独特的个体，在独特的学校工作，面临各种各样的挑战和奖励。我们每天都要面临许多重复的选择。我们的教育原则在我们面临应接不暇的挑战和艰难抉择时，都能够给予我们指导。无论你在小学、初中，还是高中工作，无论你身处城镇还是乡村，你们每一个人每一天都会面临一些艰巨的任务。所以我们再一次鼓励你进行反思，明确你的教育理念的核心是什么。作为一个学校中层，是什么构成了你的本质？我们坚持认为，尽管优秀教育者在很多方面都不同，但他们有几个核心原则是共同的，这些核心原则促成了学校整体的成功。

除了创造一系列我们坚守的核心原则来指引我们克服种种变化和冲突，我们也必须将这些原则公开定期地和他人分享。教师们必须和他们的学生、学生家长、同事和学校管理人员分享。同样，学校中层也必须和学校里的每一个人分享他们的核心原则，尤其是学校里的每一位老师（我们所说的老师包括学校里所有与学生接触的成年人，因为有接触就有教育。食堂工人、管理人员、教学秘书每天也能使我们的学生受益匪浅）。近些年来，对于各种各样的话题虽然我们又著书又作报告，但我们在以前的项目合作中发现，我们都具有四个特别核心的原则。在我们与全球成千上万的教师和学校领导合作的时候，我们开始意识到，他们中的佼佼者也在他们的课堂里甚至学校里强调这些原则。我们开始讨论每一个原则对于我们的重要性，四个原则中的每一个对于我们参与的风险项目的成功起着怎样至关重要的作用，以及这些原则中的某一个或者多个原则是如何在未成功项目中被忽视的。

这些讨论就引发了这本书所包含的观点。当我们继续回到阐明这些我们共同坚持的核心原则这个主题时，我们也发现这四个核心原则的缩写恰巧和“核心”（core）这个词本身是一样的，我们用首字母缩略词C.O.R.E.来表示教师和学校领导成功的四大最重要的持久原则，即沟通（Communication）、观察（Observation）、人际关系（Relationships）和期望（Expectations）。我们把这其中的每一个与各级教育相关的要素看作“原则问题”。就像杰斐逊建议的那样，我们将继续坚定不移地强化我们与那些与简单而有效的原则相关的信念，以确保我们的行动目的明确。

学校中层的行动必须具有影响力

《美国传统词典》将“核心”这个词定义为“任何事物中最中心、最深层、最重要的部分”。在教育方面，如果我们要对几百个教育工作者进行调查，问是什么构成了我们的职业核心，我们可能会得到各种各样的答案。当然，学生的“学习”就像考试成绩、学生表现、学生出勤率和辍学率一样，是教育事业的重点。这些关键点是我们在教学中想要达到的效果。为了获得满意的教学成果，我们必须注重ABC，即行动（actions）、行为（behaviours）与承诺（commitments），这些我们每天都会展现出来的方方面面对学校的重要成果都会产生积极的影响。几乎所有我们所知晓的教育工作者之所以进入我们这个高尚的行业，都是因为他们想对年轻人的人生产生影响。我们作为学校中层所采取的行动确实应该具有影响力，尤其是在上述所列举的教育成果方面。当学校的主要任务是学生学习的时候，我们坚信：我们有关沟通、观察、人际关系和期望的行为都会让学生和教育工作者做出好的成绩。通过对这四个方面中每一项的具体策略进行定义，管理人员才能够在学校的整个学年中运用自如。我们相信教育的重要成果——最重要的是学生的学习——将会提高。

这本书里讨论的每一个核心原则，既是人际交往技巧也是教学技巧。在各行各业，成功人士不仅沟通能力强，而且对周围世界观察细致。他们在个人和职业生涯中都建立了良好的人际关系，并且对自己和交往的人都具有很高的期望。尽管在教育界我们总面临许多变化，但至少有一点恒久不变：那就是我们以人为本的大胆尝试。因此，作为学校中层，要想取得成功，必须掌握如下与人打交道的技巧：有效沟通、仔细观察、建立良好的人际关系和职业关系，并对自己、教师、学生都抱有明确的期望。

如何促进学校的持久成功

几年来，我们一直认为对学校影响重大的是人，而不是项目。以我们的经验，在学校教育千变万化的环境下，这个观点依旧适用。近年来，我们一直与在学校工作的老师和管理人员共事。这些人已经取得了很大的成功，并把这些成就归功于学校各种各样的创新。然而，我们也知道：一些学校进行过完全相同的尝试，却遭惨败。其原因，当然并非被实施的项目本身，而是实施项目的人。成功的教育工作者一贯坚持核心原则，用这些原则来指导他们的日常行为，以获得学校更大的业绩。

教育项目——即使最初很被看好——都有可能转瞬即逝。然而，作为学校中层，我们重视的原则经久不衰。以我们观察全国成百上千学校的经验而言，沟通、观察、人际关系和期望这四个核心原则已经作为最持久的原则引人注目，并被名校里功成名就的教育工作者所证明。那些关注这些学校成功要素的人，无论做什么项目都会取得成功。同理，实施项目的人如果不关注这些对成功至关重要的持久原则，那么他做任何项目都不会成功。这本书旨在探讨以下内容：那些最优秀的教育工作者是如何遵循这些理念，实践这些原则的；就学习知识而言，为了取得最显著的成效，与其他人相比，他们在自觉履行4个核心要素时在哪些方面表现得不一样？

学校中层成功的关键：以人为本

学校成功的持久原则——沟通、观察、人际关系和期望——既不是深奥难懂、理论基础性强的学术研究，也不只适用于教育领域。此外，这些原则也并不是与生俱来就可操作的。也就是说，我们必须对这些原则逐一检验，并在我们的工作日程中决定我们怎样做才能确保每条原则的实施。我们不能只想着这些原则的重要性，而是要探究产生结果的行为是什么。换句话说，我们必须从遵循原则变为奉行行为准则。杜富尔和埃克的研究表明行为准则对于学校的整体成功和提升起着非常重要的作用。他们对机构内部的行为准则提出质疑“……以确定具体的态度，行为和他们的承诺，进而取得进步……”对于学校获得持久成功的每个核心原则，我们创建了五个行为准则的表述，这些表述使学校里的工作人员能够提高执行力，使这些原则付诸现实。然后，接下来就是20个行动的清单，这一清单与学校成功的四个要素，即沟通、观察、人际关系和期望相关，同时也是学校中层能够承诺遵循的。这些行动既适用于教师也适用于学校管理人员，他们必须一起努力，以保证这些行为准则能够贯彻实施。

沟　通

◆ 我们要系统、定期地跟所有学校的利益相关者阐明我们的任务、愿景、准则和目标。

◆ 我们要向所有学校的利益相关者报告全学年所取得的成绩。

◆ 我们要彼此通报全学年我们在各自班级中所做的工作。

◆ 我们要与我们的学生交谈，告诉他们所取得的进步，肯定他们的优点，指出他们还需改进的地方。

◆ 我们要定期、系统地与所有父母沟通，让他们知道孩子的进步。

观　察

◆ 我们要仔细地观察我们的学生，注意到他们独有的学习能力和学习需求，并对其作出回应。

◆ 我们在课堂上要仔细观察教师，以便对最好的做法有新的认知并提供有效的反馈。

◆ 我们要观察发生在我们周边可能影响学校的事件。

◆ 我们每天要监测自己朝着学校提升目标所取得的进步，并基于我们的观察来调整我们的做法。

◆ 我们要监测每天花在与教学和学习相关活动上的时间，来确保我们的行动方式与最佳做法一致。

人际关系

◆ 我们要通过制定有目的、有计划的教学环节，培养学生之间合作互动的技能。

◆ 我们要知晓彼此的个人和职业生活，通报重要事件和成就，并随时了解影响业绩的个人问题。

◆ 我们要尽可能在教师、父母、管理人员、学生和领导之间进行面对面的沟通。

◆ 我们要常规地、系统地为学生、老师乃至学校的成功而庆贺。

◆ 我们也要勇敢地面对学校里的这样一群人：没有忠实、公正、并怀着积极影响变革与进步的愿望，没有按照我们的任务、愿景、准则和目标努力的人。

期 望

◆ 我们要对学生的行为表现和学业成绩提出明确的期望，并帮助他们实现。

◆ 我们要期望学生获得成功，当他们失败的时候，我们要采取策略，及时进行干预。

◆ 我们要为我们学校的教育工作者提出明确的期望并帮助他们实现，我们每个人都有责任坚持我们阐述的准则。

◆ 我们期望父母和学校的其他人能与教育工作者共同努力，以确保我们的学生遵循行为规范。

◆ 我们期望大家共同支持学校的政策，同时也要意识到每个教师可能对他们自己和他们的学生有另外的要求。

以上是从总体的成功原则（学校的核心价值准则）向行动步骤（促进学校成功，提升学生成绩）转变的第一步。这20个承诺只不过是概述性的行动描述，并未明确如何执行。本书后面的章节将提供我们在成百上千所学校应用过或者观察到的具体的策略。这些策略涉及上述描述，并为学校教育工作者提供了一个与上述原则和行为准则相一致的清晰的路线图。

提高学校中层执行力的四个核心要素

可能有成百上千的因素导致我们学校取得成功，或者遭遇失败。差异化、学习评估、专业学习共同体、指导和引导、标准化分级和报告、标准化的单元设计、涵盖特殊教育生，这些只是最近教育流行词的一部分，这些词恰好被一致认为是提升我们学校的有效方法。更宏观地讲，沟通、观察、人际关系和期望这四个核心原则对学校成功更为关键。因为如果上述学校项目想要获得成功的话，这些原则都是必要的，必须有的放矢、坚持不懈地贯彻实施。学校教育者只有遵循这四个关键原则，提升学校的项目才会取得成功。

在本书后面的章节里，我们将为那些对提高他们在这四个主要教育方面技巧感兴趣，以及对改进他们履行责任的行为感兴趣的学校中层提供具体的步骤。我们这本书分享的每个策略都是已经在全国小学、中学、高中成功实施过的。这些观点的最佳之处也许就在于简单，我们都有能力去实施。这些策略在任何学校、任何班级都能立即实施。普通学校中层和模范学校中层的区别就在于，模范学校中层不仅认可这些策略，还会将之付诸行动。

Chapter

2

第二章

沟 通

COMMUNICATION:
STRATEGIES FOR SUCCESS

在任何组织中，沟通的重要性无论怎样强调都不为过。史蒂芬·柯维甚至指出：“沟通是人生最重要的技巧。”细读任何招聘启事或工作描述我们都会发现，“较强的口语或书面沟通能力”是应聘者必备的一项技能。有效的沟通技巧对于学校的成功尤其重要，因为教师、管理人员、学生、家长和学校利益相关者必须了解学校的内部事务。为了保证安全有序的学习环境、合理的教学项目、最佳的学生学习标准，学校中层必须擅长各方面的沟通。为了系统地、始终如一地实现下面概述的这个核心责任的所有组成部分，善于沟通的教育工作者要认清沟通这一特点的方方面面，制订有明确目标的计划，有条不紊、持之以恒地完成以下所列的这一核心职责的所有组成部分。

如何进行有效沟通

沟通的各个方面		
通过演讲、写作、举止、手势传递或交换想法、意见或者信息		
在沟通这一核心技巧上高效的教育工作者：		
◆ 建议	◆ 公开	◆ 阅读
◆ 发声	◆ 传播	◆ 接收
◆ 主张	◆ 交换	◆ 透露
◆ 参与	◆ 表达	◆ 说话
◆ 关心	◆ 询问	◆ 传授
◆ 联系	◆ 聆听	◆ 告诉
◆ 交谈	◆ 表明	◆ 翻译
◆ 通信	◆ 通知	◆ 传达
◆ 宣布	◆ 出版	◆ 写作

如果老师们一开始不能有效准确地和学生沟通，让学生们知道他们的目的，知道能够做什么，那么就不要指望从学生那里得到好结果。同样，学校中层必须和老师沟通，让老师们知道做什么、怎么做。老

师和学校中层每天无时无刻不在交流，尤其是以表中所列的方式。无论我们是在召开职工会议，或者只是在餐厅附近散步，我们都在尽量表达我们的想法、期待和态度。我们说话、阅读、聆听、走路、坐下、站立和穿着的方式都给那些与我们进行各种交流的人传递着明确或微妙的信息。至关重要的是，所有的教育工作者要意识到沟通的不同程度会对学校的成功产生不同的影响，并能找到提高沟通技巧的方法。

萨默斯确定了校长沟通的两大职责。我们坚持认为，这两大职责同样适用于学校中层：(1) 开展教与学的对话；(2) 心怀希望。作为教育工作者，不管我们的具体角色是什么，坚持与包括学生在内的人探讨学习都是十分必要的。心怀希望这一职责，虽然不那么明显，却是交流更为重要的成分。从真正意义上说，学校中层的职责就是“心怀希望”。这话尽管听起来老套，但我们在培养学生对未来的成功心怀梦想并以行动付诸现实的时候，也经常谈论我们对学校、对学生抱有的梦想。我们与学生、与彼此交流的方式对于保持希望和梦想起着重要的作用。

高效的沟通能为学校创造更大的成果

全国家庭教师协会为家庭参与项目提出了六个标准，其中“沟通”被列为首位，这就意味着家庭和学校之间的有效沟通必须是定期的、双向的、有意义的。说起来简单，但是我们觉得定期、双向、有意义三方面的沟通方法不仅是家庭与学校成功沟通的关键，也是所有学校内部关系中沟通的关键，最重要的是校长与教师、教师与教师、教师与学生、校长与学生、学生与学生之间的沟通。这个定义的三个组成部分对于实现学校成功的核心职责来说都是很有必要的，而且我们将为教育工作者提供定期的、有意义的、公开的、双向沟通的具体方法。

麦克尤恩认为有效的沟通必须让所有学校利益相关者产生共情，互相影响，互相联系。他们必须能够传授知识，提供信息并鼓励与他们互动的人。里弗斯也认为组织团体里所有人都必须具备有效沟通的技巧。尽管他承认高科技交流方式的重要性日益提升，但是他还是支持用传统的交流方式，比如手写便条。他把当今组织中的有效交流描述为“……高科技与高接触并存，通过科技将接触最大化，因为他们仅仅通过一个握手、一次拥抱、一张便条或一番谈话就可以将鼓励、欣赏和培育的效果最优化”。如果我们效仿里弗斯的话会发现，在有着优良文化和高效率的学校里，老师和管理人员通常更大程度上采用的是“高接触”的交流模式，而非我们认为的“高科技”交流模式。

玛尔扎诺、沃特斯、麦克纳尔蒂把沟通技巧归结为学校领导的21种责任之一，其中包括管理人员和教师领导者。这21种责任经过他们的有效实施，最终能使学生的学业成绩得到提高。他们认为这项责任涵盖以下两方面的内容，一是学校领导建立起教师与学生之间有效的沟通渠道，二是学校建立和保持与父母、学校利益相关者的沟通渠道。

最后，凯思琳·科顿在她2003年发表的文章里考察了校长的行为与学生的学业成绩之间的关系，识别出了25种对学校产生积极影响的校长行为。意料之中的是，她将其中的一种描述为沟通和互动。此外，其他24种中的几乎每一种，例如情感和人际支持等，也包含了沟通这一首要责任中的某些方面。

该研究既丰富又清晰，说明了好学校都具有一流的交流者。除了这个研究，我们也收集了部分一流交流者50多年从小学到高等学校的工作经验，并且在美国各种会议上进行介绍。通过我们所做的调查和积累的经验，我们发现沟通技巧是教师和学校管理人员的四大核心责任之一。由于我们坚信良好的沟通者能为学校创造更大的成果，因此在我们的职业生涯中我们特意强调要进行具体的、有策略的交流。下面只是一些具体的沟通策略，我们认为学校中层可以采取这些策略用以提高学生和学校的业绩。我们下面概述的策略几乎不要求什么专业知识，只需他们认识到这些策略的重要性，还需要他们承诺在学校贯彻实行。下面的每条建议都很容易理解和实施，无论是在小学、初中还是高中都能应用。此外，我们为学校中层提供了一些想法，这些想法也同样适用于各级学校的教育工作者。

策略1：备忘录——让每位老师都清楚每周的工作安排

我们有两种想法已经在初中和高中实践过，这两种想法就是以有效且始终如一的交流方式来开启或者结束一周的生活，这两种方法也适用于小学的教育工作者。其中一种更关注学校这一周的运行情况，而另一种则是教学交流，注重教育的某个选题。我们称前者为“感谢上帝，今天周一”备忘录，后者则是“周五聚焦”。“感谢上帝，今天周一”备忘录（简称TGIM备忘录）是每周一早上首先发给所有职工（或者是周末期间发给在校外查收邮件的老师）的一封邮件，这封邮件涵盖很多信息，但一定包括一个明细表，列出这一周将在学校里发生的每一件事情。除了这个明细表，TGIM备忘录可以当做一个传播媒介，提醒大家教职工的生日、教师取得的成就、学校的使命和愿景、学生取得的成绩、有关教育的数据，甚至可以作为教职工知识竞赛的平台等等。

托德每周开始的时候都会将TGIM的备忘录纸质版放到老师的信箱里。最近，杰夫在一所初中也连续几年将类似的备忘录发到教师的电子邮箱。这些学校的老师很快就习惯了通过阅读TGIM备忘录了解未来的重要信息，或了解学生和与自己共事的老师。虽然我们的目的是涵盖这一周学校的重要信息，以免有人会因为教学时间中断而感到吃惊，或忘记参加重要的课外活动，但是我们也加入了很多纯娱乐的信息，因为我们的首要目的是提醒老师们每周阅读这个重要的备忘录。TGIM

备忘录的格式每学年或每年都会有略微调整，下面是一个发送给教职员工的TGIM备忘录样本。这是在他们即将结束寒假，返校开始新的学期时发送的。

老师们：感谢上帝，今天周一！

我们的使命：孜孜不倦探索教书之道，不断鼓励、激发学生的求知热情！

……感谢上学期我们共同努力，辛勤耕耘。我们的努力都有所回报，还将继续在本学期的学生学习方面持续起到积极作用……新学期伊始，这是一个很好的机会来回顾就我们对学生学习和行为举止的期望。然后，让我们所有人共同努力，巩固我们与学生的关系，使他们想要努力达到我们在各方面对他们的期望！……感谢乔安妮和乔迪以及所有提供过帮助的人，让我们评选出了2007年地理知识竞赛冠军。同样也要感谢温蒂和其他工作人员协助完成了拼写比赛！……感谢所有在年度最佳教师评选中提名同事的老师。现在我们总共从20位老师中获得了提名名单，只有几个提名是重复的。显然，我们有很多老师配得上这一称号……祝本周八年级学生在写作测试中好运。我们所有语文老师的工作表现都很出色，他们努力把学生培养成游刃有余的小作家。我们取得的成绩已经写进了历史，我期待今年再一次取得优异的成绩……**玩耍……过好每一天……帮助学生……选择你的态度……**祝你一周愉快，带着激情授课！

趣味思考：

量一下身高，然后除以8，看看你的头有多大。

来自兰迪的毕业信息：

在1998年10月，有390万16岁至24岁之间的青年人未被高中录取或者没有完成高中学业，大约占该年龄人口总数的12%。

本周任务：

周一：	************	六年级拼写比赛决赛
	7:45 和 4:30	戏剧选拔赛
	8:15	马术俱乐部会议
	4:15	马术团队会议
	4:15	问答比赛
周二：	7:30–8:30	小组会议
	4:30	戏剧选拔赛

	8:00	俱乐部会议
	7:00	家长–社区论坛
周三：	************	戏剧选拔复赛
	7:45	科技俱乐部
	8:00	学术团队会议
周四：	7:30–8:50	领导团队会议（会议室）
	1:30–2:00	写作作业
		训练（帆船教室）
	8:00	高年级合唱
	10:30	拼写比赛（多媒体中心）
周五：	************	演讲比赛
	8:00	学术团队会议
	8:15	写作作业
		训练（多媒体中心）

生日快乐！

即将过生日：

金杰，1月8日！

帕蒂，1月9日！

蒂芙尼，1月11日！

《教育的55个细节：发现每个学生的优秀之处》摘录：

第49条法则：保持乐观，享受生活。有些事情不值得我们垂头丧气。合理观察一切，发现生活的美好。（啊……对我们所有人来说，这本书还有更多好建议，尤其是在新学期和新的一年开始的时候。那天，当M博士让大家按照对新学期的乐观程度排队时，我又开心又意外地看到你们中的很多人，尤其是H教练，千方百计地想要在一群超级乐观派的教师中站到最前面。虽然总体说来，我自认为是个乐观的人，但是我承认有时候自己太注重消极的和不受我控制的东西。在这方面，我决心始终牢记罗恩·克拉克的建议，在今后处理得更好。在我们学校里，我们尽力并尽可能以人性化的方式化解冲突并解决所有不可避免的难题。事实上，我们绝大多数的时候是成功的。肯定有很多事情我们是可以控制、影响和改变的；然而，也有很多事情仍然存在问题或处于困境，找不到解决的办法，我们无法控制。在这种情况下，我们所能做的就是尽自己最大的努力，不要有压力，不断向前。在我们学校，我对我们不屈不挠的“我能”精神感到骄傲。同时，即使生活中不是所有事情都按照我们的意志进行，但是至少有一些是我们能掌控的，因此我仍然要鼓励你们去关注生活的美好。）

教职工知识问答比赛（第一个答对的人可获得礼品）：

哪位员工从10000英尺高空的飞机跳下，潜入了墨西哥流湾下130英尺深处看到了沉没的船只（虽然没有发现宝藏）？

（a）特蕾西（b）莱斯利（c）瑞秋（d）旺达

每周开始的时候告知所有教职员工学校发生的事情是很重要的，我们发现更为重要的是持续地、系统地沟通我们与教学事务有关的想法、反思、专业知识和意见。在我们的学校里，我们采用了每周“周五聚焦”备忘录来实现这个目的。托德最先与我们分享了他“周五聚焦”的想法，这是一个每周员工备忘录。从此之后，世界各地的学校管理者都分享了他们在这方面的实践经验，其中最集中的就是在杰夫的一本书中。该书收录了37篇由他和他学校里的老师、管理者撰写的“周五聚焦”备忘录，涵盖各种各样的有关教育的话题。

“周五聚焦”就是简单的短文（通常是在750字到1000字之间），内容是精心选择的话题，在每周五早晨发送给所有教职员工（通常是以电子邮件的形式）。很多“周五聚焦”是由校长和校长助理撰写的，也有一部分是老师、中心办公室主任、校外专家，甚至是学校秘书撰写的。我们认为在教学楼里，每位成年人都是老师，因为他们的工作环境里都是年轻的学生，他们总是在直接或间接地向学生传授生活和学习的经验。我们发现“周五聚焦”在任何学校都是一种很棒的结束一周专业交流的方式。在这个时候，大多数“感谢上帝，今天周一”备忘录上的事情已经完成了，从我们待办事项清单上划去了，所以我们会对即将到来的周末满心期待。我们发现大部分老师每周五都会花时间通过阅读本周大家分享的独到见解来开启这一天的工作。通常，“周五聚焦”都会针对当前考察的事项在老师之间展开讨论。有时候，当周“周五聚焦”的作者会邀请别人去参观他们的课堂，亲自观察他们所分享的东西。有时候，他们会在备忘录里附上附件，或者让其他人知道在教师办公室他们留下了相关的信息或资料以供查阅。

根据学校和具体情况，“周五聚焦”的使用范畴可能只是分发出去，让每个人在闲暇时间阅读。但是学校也可以把这些备忘录当做讨论议题在职工大会、小组会议和专业学习团体会议上进一步使用。各个学校使用“周五聚焦”备忘录在程度上可能差别很大，但是至少这是一种在学校内部交流思想、展开专业讨论的相对简单且一贯的方法。

在我们学校，“周五聚焦”备忘录采取了一种每周都会沿用的写作格式。首先，我们会以一个与本次备忘录主题相关的名人名言为开头。然后，我们开门见山，直奔主题，再加上基于自身经历的想法，还有根据我们觉得值得分享的话题所做的相关研究。最后，我们通常以学校里一位在该领域颇具经验的老师作为例子而收尾。下面就是最近一篇以上述格式撰写的“周五聚焦”备忘录，主题是“积累背景知识”。

·周五聚焦——章节B·

2007年8月24日　星期五

虽然从某种程度上说，学生学习新知识受很多因素的影响，但是研究证明了这样一个有说服力的事实：那就是学生对于相关内容已经掌握的知识是衡量他能否学好相关内容新知识的重要的指标之一。

——马扎诺

上周五，我写的一篇内容关于字母A①，即“教学核心之一——主动学习”。在芭芭拉·布莱克伯恩的书《课堂教学A到Z：如何促进学生的学习》中，作者选择了“背景知识”作为“章节 B”②的话题。对于这个章节的安排我感到非常激动，一部分是因为我非常喜欢马扎诺关于积累背景知识的著作，尤其喜欢积累学术词汇（Building Academic Vocabulary，缩写为BAV）的部分。刚来学校任职的同事们和可能忘记了这种教授学术词汇方法的老师们，请查看附件中去年我们创建的BAV相关讲义。

布莱克伯恩把背景知识或学生已掌握的知识看作他们学习新知识的基础。在打好这个基础之前，我们需要知道学生已有的知识（或我

① “主动学习（active learning）”的首字母为A。——编者注
② “背景知识”（background knowledge）的首字母为B。——编者注

们认为他们已有的知识），之后再从现有基础上开始，让他们达到下一阶段应有的水平。她提供了一些了解和积累背景知识的策略。最常见的方法是KWL[1]，或者是KWL的变体，她称之为LINK（即下列四组短语的英文缩写）：

L　列举你知道的所有事情

I　询问你想知道的事情

N　现在开始做笔记

K　你现在学会了什么？

除了一些我们熟悉的积累背景知识的方法，布莱克伯恩又分享了两种其他简单的方法，在这里值得提一下：（1）便利贴：当学生进入班级的时候，发给他们一张便利贴。学生根据黑板上的要求在便利贴上写下他们对即将要学习的新话题了解多少，然后将便利贴贴到黑板上。老师阅读每一张便利贴并朗读出来，将这些便利贴在黑板上进行分类，然后再继续学习该新话题。（2）分享我们了解的信息：让学生们以小组为单位，轮流在一张纸上写下他们所了解的关于一个话题的事实。每位同学写下一条自己所了解的信息，然后传递给下一位同学。这张纸可以在小组里传递两轮或者三轮。当组内成员没有任何新想法之后，组与组之间进行交换，阅读其他组的每一条想法，看是否可以

① KWL是“已知道的，想知道的和最终学到的”（already know, want to know, and ultimately learn）英文缩写。——编者注

补充一些内容。这样，学生也很有可能看到他们没有想到的新东西。

背景知识是今后所有学习的基础。我们的学生来到我们身边，他们有着不同的学习经历，不同的消化和积累知识的能力，因而背景知识掌握的程度也不尽相同。他们进校前，我们无法影响他们之前的经历；他们入学后，我们可以对他们产生巨大的影响。我们在提升学生的知识水平之前，必须弄清楚他们的现有水平。如果我们能将学生的新知识与他们先前积累的知识联系起来，他们会更好地积累新的知识。我们可以使用很多策略来了解学生的现有水平，将他们的现有水平与他们需要达到的水平有机地结合起来。

如果你下周有机会，可以顺便观察一下迈克、贝丝或者是李安妮，看看他们是如何把LINK策略体现在他们的教学中的，并对此写一篇OMS同行观察报告。了解学生的现有知识，将他们的背景知识与我们要介绍的新知识结合起来。这会是另外一种致力于带着激情教学的方法。

周末愉快！

杰夫

上面这一篇“周五聚焦”设法传达了有关背景知识重要性的一些关键原则，也引用了这一话题的两本教育著作，并包含了这所学校里一些现有的成功范例。另外，杰夫还就背景知识分享了一些他自己的个人经历和人生哲理。最后，他鼓励老师们在未来的日子里彼此互相观察（使用“OMS报告”，这会在第三章具体阐述），以便关注学校老师在使用背景知识方面所采取的各种策略。我们发现，如果能够不断地系统性地使用“周五聚焦”，这将会是一个比较简单且高效的方法，可以让学校所有的老师交流教室里发生的事情，交流从校内和校外的研究中学习到的内容。因为“周五聚焦”来自内部（是老师、学校管理人员和其他学校领导分享的深刻见解），所以我们认为其内容更可信。比起从校外专家那里听到的想法，也许老师更倾向于相信和尊重在本校工作并已经取得成绩的同事的想法。

杰出的中层和成功的学校都会恰当地使用这些交流手段，以确保学校里每位老师都清楚每周发生的事情。此外，他们会恰当地使用各种系统来交换有关教学的最佳做法。以“感谢上帝，今天周一”备忘录来开启一周的生活，让老师阅读和反思“周五聚焦”备忘录来结束一周的工作，学校可以通过这两个独特的方法达到传达重要信息的目的。这两个方法之所以能获得成功（SUCCESS），是因为它们：

简单（Simple）　　独特（Unique）

可信（Credible）　　一致（Consistent）

赋权（Empowering）　　系统（Systematic）

共享（Shared）

具备上述特征的每周交流活动有利于逐渐形成一个群体，在这个群体中所有利益相关者会团结协作，提高对重要事件和信息的关注。我们鼓励您在贵校使用这两种已经试验过的方法。

策略2：清晰客观地向学生与家长传达好消息和坏消息

一些与我们共事的学校中层往往喜欢传达好消息，然而不愿意或不习惯传达不那么好的消息。另外，有一些教育工作者似乎能很快地传达坏消息，但是很少花时间传达会对学生、老师、管理人员产生积极影响的好消息。在能不断积极影响学生成绩的学校里，学校中层会共同努力，在彼此之间或者向学生、家长和其他利益相关者对学生各个方面的表现进行通报。无论是个别学生的行为表现还是在重要的标准化考试中全校的成绩，传达好事、坏事或是丑事的目的不是描绘一个过于乐观的场景，也不是对表现不佳的人进行批评，而仅仅是为了查明真相，以便我们继续前行，取得更大的进步。

举个例子，教育工作者要面临的一件事情就是学生的纪律，这需要真实的评估、传达现状和后续进展的意愿。这是很多教育工作者必然要关注的问题。我们似乎永远都在“改善”学生的行为举止。我们可以采用的最有效的方式之一就是首先清晰地表明在学校成功这一重要方面我们对学生的期望。然后，我们必须定期与学生、家长以及彼此进行交流，准确传递我们在学生行为举止方面观察到的信息。通常，在这些问题上我们的交流仅仅局限于向同事抱怨我们正面临的某个具体学生或某个班的问题。这不仅浪费时间和精力，而且于事无补。解决学生行为问题的一个更有效的办法是与其他老师、学校管理人员、家长和学生本人进行交流。熟悉这个学生的其他老师也会有独到的应对策略。有时候，我们会忽略最明显的利益相关者：学生本人。找个时间与学生私下谈谈他们的行为举止，可能会非常有启迪作用，而且有助于改变状况。

最后，与家长谈谈他们孩子的表现可能是所有途径中最有效的，最能产生积极的效果。尽管有时候看似并非如此，但是我们发现几乎百分之百的家长都希望他们的孩子在校能好好表现。其中一些家长会积极准备，将这项期待变为现实，但是每位家长都会说他们希望孩子表现良好。每一所我们了解的学校在贯彻行为预期的时候都希望得到家长的支持。乍一看，似乎双方都在同一阵营，不会有矛盾产生，因为无论是学校还是家长都希望学生能表现好。遗憾的是，事情并非总是如此。问题经常出现在我们沟通的方式上。作为教育工作者，我们的工作是与家长进行沟通，使家长愿意支持我们的工作，改善他们孩子的行为举止。我们要把坦诚积极与家长进行定期沟通作为我们工作的起点。

与家长交流孩子的在校表现，形式当然是可以多样的。多渠道的沟通方式是最好的。很多教育工作者成功地使用电子邮件、电话、便笺、见面和寄明信片的方式与家长就孩子的在校表现进行沟通。所有进行沟通的方式都是有效的，然而意料之中的是，沟通渠道与我们沟通态度和频率相比就没那么重要了。我们要经常与家长进行沟通，不仅仅要在出现问题的时候才沟通。当我们与家长建立定期沟通机制时，家长才更有可能支持我们。更重要的是，关于孩子的在校表现，无论是好事、坏事还是丑事，我们都要以积极的态度与家长沟通。传递好消息看似是非常简单的事，实则不然。很多年前，当托德还是校长的时候，他在学校实行了一个纪律遵守推荐项目。托德会打电话给因表现好而受到表扬的学生的家长。有时候，被表扬的学生始终是表现突出的。但是，遇到一般情况下表现不好但是突然被某个老师发现做了好事的学生，托德也会立即特意打电话给这些学生的家长。

杰夫也在学校实行了一种系统的纪律遵守推荐项目，该项目需要填一张正式的推荐表，看起来和大多数学校常见的推荐表差不多。在一所有着1000名左右学生的中学，一般每年会寄出超过350张推荐表。这个简单的沟通策略极大地改变了该校的文化。这个纪律遵守推荐项目可以几乎不费力气就对老师、学生、家长以及校长产生积极影响，是极少的几个效果如此之好的措施之一。每次，我们肯定表现突出的学生时，学生开心，家长欣喜，管理人员因为学生表现突出而高兴，家长会经常给老师打电话，感谢他们书面表扬自己的孩子。

尽管通报有关学生表现的好消息令人愉快，但是我们也要在学生表现不好的时候与家长进行沟通。作为学校中层，我们不允许自己在学生表现不好时仅仅抱怨，或者抱怨在处理学生行为问题时缺少支持。相反，我们必须清晰统一地向学生与家长传达我们对学生行为表现的期望。当然，我们要与学生和家长建立良好的关系，这样他们才会愿意达到我们的要求。就我们自己的经验而言，如果之前我们告知家长孩子得到了遵守纪律的表扬，之后我们又给他们打电话告诉他们的孩子表现不佳，在这种情况下，家长提供的支持会让你感到很吃惊。他们知道老师不仅花时间通报坏事和丑事，而且还会花时间通报好事，我们发现家长会因此更愿意为纠正孩子的不良行为提供支持与帮助。当我们就孩子的不良行为与家长交流的时候，我们认为学校应该设立统一的标准。首先，我们觉得在任何可能的情况下，这样的交流应该采用面对面或打电话的方式。建议最好不要采用语音留言或写电子邮件来描述学生的不良行为。此外，学校中层和老师应该在开学初就制定向家长汇报孩子不良行为的标准。每个学校可以商定自己特定的准则，但是教育工作者都要遵守这样一个大体的交流行为准则：

（1）尽早打电话。我们在一学期里应尽早开通学校与家长之间的通话热线，尤其是当我们洞察到阻碍学习的不良苗头时。

（2）经常打电话。在电话通报家长情况之后，我们还要持续和家长电话跟进，告诉家长清楚我们的担忧已经减轻了。若没有减轻，则必须采取必要的干预。

（3）实事求是。对于我们观察到的不良行为，我们要直接、坦诚、以积极的态度传达给家长。然而，我们也要尊重家长和学生，强调我们这么做是为了帮助孩子改正不良行为。

（4）发现好事。我们要指出对孩子行为表现的担忧，但我们也应该善于发现孩子做的好事并与家长分享。

（5）聆听。我们应该主动聆听学生家长的意见。不管他们的家庭情况怎样，家长肯定比我们更了解孩子，知道他们的优点、需求、兴趣和心愿。真诚地聆听家长的意见，我们可能会发现连接学生与学校的新纽带。此外，倾听家长的意见会让他们明白我们在乎他们，他们也会因此而更愿意对我们的努力提供支持与帮助。

虽然我们刚才所讲的向家长通报学生表现主要涉及一个方面（即行为）的好消息与坏消息，但是履行这一责任的方式是无尽的，所有的教育工作者必须坚持定期向家长汇报学生在学校各个方面的表现。

我们努力提倡经常向家长通报学生的好事、坏事和丑事，然而我们也要意识到本校的教育工作者同样需要定期见面，就学校的工作探讨好、坏、丑几个方面。我们必须分析我们采取的措施是对学生产生了积极的影响还是消极的影响，而不只是简单地把重点放在对学生的行为和表现进行评价上面。在学校里，每六个星期以公开论坛的形式召开全体教职员工会议，讨论我们所说的好事、坏事和丑事，我们认为这是有帮助的。我们可以把最近在学校拍的照片制成幻灯片，在会议一开始展示学校里的好事、坏事和丑事。当然，通常来讲，我们也会用一两张管理人员、教师或者教练摆出搞笑姿势的照片来展示“丑事”。在严肃的内容里，我们会展示最低的出勤率来代表“坏事”，或以一张老师在辅导学生的照片来展现“好事”。破冰暖场之后，我们就可以从所有教职员工那里获取广泛的反馈意见，例如什么措施有效，什么措施无效，什么措施需要进一步观察。几乎所有教育工作者都谈到了希望学校里所有老师和管理人员之间可以展开开放、真诚的交谈。这样的交谈只有在充满相互信任的学校中才会出现。

定期召开会议分享各自的工作状态，这无疑为我们提供了一个彼此交流的机会。然而，我们接收信息和我们对此作出反馈的方式将决定交流的效率和彼此的信任程度。在分享过学校的好消息和坏消息之后，我们在某种程度上要对信息进行处理。一条建议是，就已经分享过的好点子达成共识，这样全体职工可能会尝试执行或了解更多。同时，我们应该讨论出一项需要我们及时关注的事情，对其进行改进。这可能是一些很琐碎的日常事情，诸如走廊监管、着装规定或者与学生成绩相关的事，但是我们要让所有的教育工作者都知道他们有机会分享自己的看法，还要在至少两件关乎学校业绩的重要事务上达成共识，这是很重要的。

策略3：建立定期交流制度

尽管几乎所有人都同意，经常与学生、家长以及彼此之间进行交流对于学校的成功是非常重要的，但令人惊讶的是，我们经常不能坚持履行这一主要职责。普费弗和萨顿令人信服地阐明了一个观点：在企业，所知与所为是有差距的。也就是说，企业清楚什么有效、什么应该做，但恰恰没有去做他们明知有效的事情。我们认为这种所知与所为的差距在学校也同样显而易见。交流就是一个明显的例子，我们没能始终如一地去做我们认为应该要做的事情。当我们询问教育工作者为什么他们总不做他们认为应该做的事情时，我们几乎总是得到相同的答案。没有人说他们仅仅是懒惰或者喜欢成为不服从命令的刺头，我们听到的答案几乎总是“没有足够的时间来做好所有的事情”。更有讽刺意味的是，似乎我们总是有足够的时间来抱怨、八卦、发搞笑邮件、安排私人约会。然而，时间这个讨厌的问题总是出现，成为我们履行更重要责任的绊脚石。公平地讲，我们所知的几乎所有的教育工作者都会花费大量时间工作，为每天计划内或计划外的工作任务忙得不可开交。因此，我们必须建立一个统一的管理体系，以便我们可以与学生、家长，以及彼此进行定期交流。从维生素服用要求得到启示，我们建议可采取每天一次或者每周一次的方法，这取决于我们谈话交流的类型。

明信片邮寄到家

对于老师和校长来说，与学生、家长进行交流的一种既省时又在很多学校都取得了巨大成功的方式是向学生家里邮寄明信片，与家长分享学生的优良表现。明信片花不了多少钱，但明信片邮寄到家这种做法所产生的影响是巨大的。尽管我们可能认为电子邮件是更高效、更便利的交流方式，但是一个手写的卡片更显亲密，更有意义——无论对学生来说还是对家长来说都是如此。至于时间上的要求，每位教育工作者至少一周一次坚持将明信片寄到家，这样做大约花5分钟的时间。对于这么小的时间投入，其回报是相当可观的。中层管理人员应该安排学校提供邮资，如果可能的话，事先在明信片上打印学生的地址。许多曾与我们一起工作的老师发现在每周快要结束的时候，给学生或家长写上一张或几张明信片不仅会形成一种惯例，而且是以一种积极的、令人开心的方式结束忙碌的一周。通过坚持每周写一张明信片，每位老师一学年里可以给35个或更多的学生邮寄专门为他们而写的明信片，将好消息传递到家。

电话家访

老师和中层管理人员也应该重视每周电话家访。刚开始，我们还是建议把“一周一次”作为最低标准，每位教育工作者保证给一个家长打报喜电话，除此以外再给一个学习困难或表现不好的学生家长打一个报忧电话。打报喜电话相当简单且愉快，因为家长会因这意外的电话而感到惊喜。因此，他们通常给予诸如此类的回应：“我在此之前从未接到过学校打来向我报喜的电话！”电话家访是绝对没有坏处的。无论是打电话的教育工作者还是接到电话的家长都会因此而感到很开心的。

拨打报忧电话不总是那么令人愉快，却更为重要。我们必须与困难学生的家长保持经常联系。我们一定要用积极、尊重的方式说话，但是对于我们的担忧也要具体、坦诚。此外对于提到的问题，我们必须提出应对的方案。如果学校里每一位教育工作者每周打一种电话，整个学校都将被认为是在交流方面有所作为的好学校。例如，一所学校里有50名合格的教职员工，那么一年里就会有100名家长收到来自学校的关于自己孩子表现好坏的消息。

为老师送卡片

无论在哪一所学校，有一个每位学校中层都可以实施的简单做法，就是按照“一天一次”的频率，每年的每个教学日都给老师写一张卡片，给予老师积极的评价。对于大多数学校来说是180天。即使一个学校只有两个中层在位，那也意味着一年可以写出360张卡片来感谢和称赞老师的辛勤劳动。甚至在一个有着多达200名教职员工的学校里，包括管理员、自助餐厅的服务员和办公室行政管理人员，每位教职员工一年里都极有可能收到学校中层写给他们的卡片。

尽管这看起来似乎是一项宏伟的事业，需要长期坚持，但是每天只需要花费不到10分钟的时间。学校中层可以在学年伊始购买便宜的空白便条卡。尽管每个学校写卡片的方法各不相同，但其重点都是相同的，即以文字的方式向每一位老师传达我们所知的他/她的各种优点。这些卡片有时候可能是称赞老师一次随堂听课的效果，有时候可能是因为老师组织课外活动而表示感谢，有时候可能是因为教练在一次重要的比赛中获胜而表示祝贺。我们要写卡片感谢那些指导新教师的老教师，还要感谢那些为需要帮助的学生而奉献自己的老师。内容会有所不同，但是我们要尽量做到简洁，要真心实意地对某个具体行为或取得的成就表示赞赏。有些学校中层每天早上一到学校就开始写卡片，有些在家里写，也有些是在班级访问的时候写的。但无论是什么时候写的，只要学校中层过后能将卡片放进老师的邮箱或办公桌上就好。在那些采用这种做法的学校里，老师们都非常感激中层花时间以这种简单的方式给予他们认可。

正如我们在开头提到的，大多数教育工作者以时间不够作为没有完全履行交流这一职责的借口。虽然时间有限确实是个麻烦事，但是只要把事情放在更重要的位置，时间就不会阻挠我们完成它。以“一天一次”或者“一周一次”的方式与家长、学生和彼此进行交流将对学校文化产生积极的影响。更重要的是，通过这样的方式不断提供反馈，我们最终可以使学生的学业达到他们各自的最高水平。

策略4：督促教师给家长发送每周通讯

学校中层不仅要坚持和老师不断地进行沟通，还要敦促老师每周和学生的父母沟通。虽然大多数老师在一学年里应该会采取多种方式与家长进行交流，但是我们发现非常必要的是老师每周给家长发送时事通讯，向他们汇报一周的活动、学习目标、家庭作业和考试日期。尽管一些成功的教师都会撰写和发送教师个人每周通讯，但是我们发现如果老师以小组为单位将每周时事通讯发送给家长，效果会更显著。在小学，时事通讯可以年级为单位；在初中，可以跨科目小组为单位；在高中，我们建议应该以科目部为单位。成功的关键是在每一个阶段保持形式上的一致。年级、科目组、科目部的每一位老师都应该把相同的有关下周教学的核心信息写进时事通讯。此外，每一次来自全校的时事通讯应该包括有关学校活动的信息（例如在上一部分“感谢上帝，今天周一”备忘录中概述的活动）。通常，教师时事通讯也应该包含来自多媒体中心、家庭教师协会和学校管理人员的信息。最后，教师时事通讯还是一个感谢家长的有效方法，感谢他们对学校根据每年关注主题而制定的规章制度和策略提供支持。

对于发送教师时事通讯，由于家长需求不同，获取信息的方法也不同，所以每个学校都各具特色。教师时事通讯通常可以电子邮件的形式发送。然而，不是所有家长都会使用电子邮件，因此对于更希望收到纸质版时事通讯的家长来说，提供纸质版是很重要的。虽然我们不能保证每一位家长都会阅读我们发出的所有时事通讯，但是我们可以保证我们努力地以这种方式进行交流。我们总有办法来提高家长阅读时事通讯的概率。我们发给家长的时事通讯越是实用和易读，家长就越有可能阅读。此外，如果我们让学生创造性地参与到时事通讯的编撰中来，家长就更有可能坚持阅读时事通讯。确保每周寄送教师时事通讯的时间相同，其中的信息框架一致，这会让家长更加期待每周的时事通讯，从中获取信息。最后，与大多数我们所做的事情一样，我们发现如果我们在教师时事通讯里稍微增添一些趣事，家长也更有可能期待阅读时事通讯。在时事通讯里，可大胆引用励志名言、奇闻趣事、一周警句，或者征集家长箴言。定期地、系统地与家长进行交流对于旨在积极影响学生学业的任何老师和学校来说都是一项必做的工作。教师时事通讯是在学校与家庭之间建立长期交流的一种方法。

策略5：定期告知家长学校的重大活动

除了保证老师个人或教师小组每周将时事通讯发送到所有家庭，学校应该给所有学生家里发送每月通讯或半月通讯。寄送范围、打印质量和时事通讯传送方式可以由于学校的规模、预算而有所不同。但是，将学校发生的重要事件和每个班级发生的事情通知到每个家庭是必要的。除了将时事通讯邮寄或用电子邮件发送到学生家里，我们还将信息发送给商业伙伴、学校董事会成员和周边学校。

有一所中学的吉祥物是一支无托枪，每个月学校都要将新一期《无托枪简讯》寄送出去。每一期时事通讯都包含有关商业伙伴、学校社团、体育赛事、年鉴、过渡性活动、多媒体中心、筹款工作、心理咨询、家长教师组织、学生演出、青少年研究等信息。除此之外，每一期时事通讯都以校长寄语为开头，向学生和家长及时通报每月最新重点。尽管时事通讯总的来说篇幅较长，但是以下还是提供一篇样本，选自《无托枪简讯》12月版的“来自校长的一封信”。

来自校长的一封信

亲爱的家长和同学们：

简直有点不敢相信，但是又到了节日季节。这个季节是享受喜悦，家庭团聚，收获礼物，进行反思，甚至有些许惶恐的日子。虽然忙得不可开交，但非常重要的是我们还要坚持在本学期的最后几周集中精力授课、学习。像大多数学生一样，我在整个12月里都沉浸在节日的极度兴奋中，然而我也把放假前的这几周看作学习的好机会。其实今年跟往年相比，我们上课的时间多了几天。今年的12月21日是星期五，是我们本学年第一学期的最后一天。至此，我们本学期已经做得很出色了。我们要在接下来的几周里集中精力，努力工作；然后在假期里集中精力，玩个痛快。

我经常毫不含蓄地夸赞我们了不起的老师，我也同样也对学生极尽溢美之词，但现在我仍然希望再次强调他们做出的努力。我们的学生是非常成熟、礼貌和恭敬的年轻人。每天早上，几百个学生都会在校门口跟我打招呼，看着我的眼睛，真诚地对我说“早上好”。除此之外，到目前为止本学期我在办公室接见了200多名学生，表扬他们在纪律遵守推荐项目中获得了老师的赞赏。我们的学校因培养出了大量懂礼貌、有爱心的学生而广为人知，我非常荣幸能成为我们学校的校长。学生们，我要提前感谢你们送给我的节日礼物，那就是让我的每一天都有收获、有乐趣。家长们，感谢你们培养出这么优秀的孩子。

家长们，每年我都要求教职员工建议家长送给孩子哪些假期礼物。作为曾经的语文教师和自己孩子的家长，我会关注一些好书，买回来送给我八年级的女儿。我也会依靠学校其他科目的老师帮助我与时俱进，选取与其他科目相关的书籍作为礼物。以下是我从资深语文老师那里获得的建议，我想和正在寻找假期礼物的家长们分享一下。

来自乔克老师：

《呐喊红宝石》莎伦·克里奇 著

《男孩米赛：恐怖模型》伊安·奥基尔维 著（如果你喜欢读《哈利·波特》，那这本书再适合你不过了！）

《寻找鲍勃维兹》丹尼奥·匹克华特 著

《隔壁住着鼠辈》克里斯·伍德沃思 著

来自霍普金斯老师：

《吞钥匙的男孩》《我不是小猪乔伊》杰克·甘图斯 著

《大笑》《脸红》卡尔·希尔森 著

《这与鱼有什么关系？》艾薇 著

《跳跃的美丽和其他动物的童话故事》格雷戈里·麦戈维尔 著

《狗儿之歌》盖瑞·柏森 著

《鲨鱼女孩》凯里·宾汉姆 著

来自普罗思罗老师：

《在藏匿者中》玛格丽特·彼德森·哈迪克斯 著

《歪歪学校有点奇怪》路易斯·查尔 著

《歪歪小学要倒了系列》路易斯·查尔 著

《安妮日记》范·多伦 著（我个人非常喜欢这本书）

《桦树皮的房子》路易丝·埃德里希 著

来自理查森老师：

神奇事件的真实故事（孩子和成人都爱看）：

《天使狗》艾伦和琳达·安德森 著

《天使猫》艾伦和琳达·安德森 著

《马奇迹》布莱德·史泰格、雪莉·汉森·史泰格 著

《小奇迹：平凡生活的非凡巧合》依耶塔·哈伯斯塔姆和朱迪斯·利文撒尔 著（这是我最爱看的书之一）

青少年必看（我都给我女儿买了）：

《杰出青少年的七个习惯》肖恩·柯维 著

《青少年的生活策略》杰伊·麦格劳 著

《穷爸爸与富爸爸：你在学校里学不到的金钱的秘密》罗伯特·清崎、莎伦·乐赫 著

小说：

《神秘的本尼迪克社会》特伦顿·李·斯图尔特和卡森·埃利斯 著（适合天资聪慧的孩子看的书）

《鲨鱼女孩》凯里·宾汉姆 著（本书的作者将于2月份到学校访问。学生会参加一个特殊招待会，买过、读过她的书的同学可以得到她的亲笔签名。）

《杰里米·芬克和生活的意义》温蒂·弥撒 著

《极速天使》詹姆斯·帕特森 著

《丑人儿》史考特·韦斯特费德 著

《不同寻常》史考特·韦斯特费德 著

《美人儿》史考特·韦斯特费德 著

《风暴突击者》安东尼·赫洛维兹 著

《方舟天使》安东尼·赫洛维兹 著

《斯科皮尔》安东尼·赫洛维兹 著

除了上述推荐的书以外，我们的多媒体专家帕尔金斯老师还编写了一个内容广泛的书单，大家可以在多媒体中心新闻里找到她的书单。我希望你能在上述书目里找到心仪的礼物。老师们，感谢你们的建议。

再次提醒，尽管今年校历上的时间不多了，但是我们前面的任务却很重要，等待我们完成的活动仍然很多。请查看日历，注意每日通知，以防错过我们的篮球比赛、音乐会、舞会、俱乐部会议以及相关活动。切记本学期最后一周（12月17–21日）极其重要，这几天里几乎每一天学生们都要进行期末考试。祝大家度过一个最愉快的假期。

此致

敬礼!

杰夫·佐尔

小结：学校必须建立高效的交流途径

正如这本书开头讲的那样，教学、学习、领导的四个维度是沟通、观察、人际关系和期望，我们认为这四个维度比其他维度都重要，而且这四个维度涉及学校的各个方面，最终会影响到学校的氛围、文化、老师的精神面貌和学生的学业成绩。学校中层如果想要改变学生的生活、自己的生活和学校本身，就必须准备在这几个方面做到最好。虽然大多数人都认为利益相关者之间进行有效的沟通是组织机构成功的关键，但是并不总能做到这样的沟通。通常，我们总是理所当然地以为组织机构里的其他人与我们有同样的想法、价值观和目标，然而事实并非总是如此。作为学校中层，我们必须巧妙地设计和运用交流的工具来通报情况、征求意见以及建立信任。

在本章节的前半部分，我们的目的仅仅是提供几个简单但明确、具体的策略，学校中层可以使用这些策略进行有效的、不断的交流。我们已经亲眼看到了这些交流方法的成功使用，在我们工作过的几所学校产生了影响。对于教育工作者来说，虽然这些方法有利于沟通，在任何学校都可以直接使用，但是沟通中另一个关键组成部分更加重要，这一组成部分就是我们每天与学生、家长、社区成员以及相互间的非正式互动。至关重要的一点是如何通过日常互动来传递信息以及如何传递信息。老师和学校管理人员必须郑重、尊敬地与家长、彼此，更重要的是与学生进行沟通。正如托德曾无数次建议我们的那样，我们必须每天都要做好，而不是大多数时间做好。无论是学校范围内的正式交流还是日常的人际交流，我们都必须在交流时做到有自信、有勇气而且坚持不懈。

最后，任何学校的成功与失败都与校内教育工作者的言行有着直接的联系。我们都是具有应变能力的人，有能力记述每天发生的许多事情。为了成功，我们必须自信地交流我们在做什么，为什么这么做，以及我们需要其他人做什么来支持我们。在这方面我们必须十分自信，发自里克·史密斯提出的“内在权威感”而行动。无论是老师还是管理人员，在与学生、家长以及我们彼此之间进行交流时，内在权威感永远都是必要的。带着自信与内在权威感来做事和交流，有利于营造平静与和谐的氛围，同时给校内的人传递这样一种信息：课堂和整个学校正在教育工作者的推动和带领下朝着目标前进，而这些教育工作者有能力，且清楚地知道什么是应该完成的，如何才能最好地完成。有自信的教育工作者不是骄傲自大、目中无人的，而是镇定自若地在明确传达他们的期望，采取交流措施，保证他们的期望每天都能实现。无论是需要给难以沟通的家长打电话谈谈孩子表现，还是需要找业绩不佳的老师谈话，学校中层必须充满自信地进行交谈。

有一种方法可以提高学校中层自信交流的能力，那就是坚持。在本章前面部分讨论的许多交流策略都成功了，部分原因是这些策略几乎都需要严格地坚持。再回到刚才那个例子，与难以沟通的家长打交道或与业绩不佳的老师谈话，坚持是极为重要的。仅仅建立明确的预期是不够的，我们必须告诉他们其他人在实现这些期望时是如何取得进展的。无论我们是做学生的工作、家长的工作还是做我们彼此的工作，我们都必须坚定地、公正地、始终如一地与没有达到预期的人进行交流。我们也必须与实现预期和超额完成预期的人进行交流。我们越是能自信地交流，就越有自信帮助学校走向成功。为了进行有效沟通，我们必须坚持沟通。

有时，坦诚的交流需要勇气。我们还没有见到确实喜欢传递不愉快消息的成功教师或管理人员，但是我们已经见到过成千上万的教育工作者，他们能自信、一贯且有效地这么做。他们有着源于信念的勇气，要想直面学校成功道路上难以处理却必须处理的无情事实，勇气是必须的。如果情形需要，他们也有勇气说出简单而有力的这些话："我不知道"，"对不起"，"这是你的强项，我需要你的帮助"或"我犯了一个错误"。大胆交流需要教育工作者分担责任，协同工作。这就要求他们每一个人对完成学校任务，践行学校价值观承担责任。尽管这样的交谈不总是令人感到愉快，但是大胆交流可以在利益相关者之间建立互信，同时给人传达这样一种信息：学校在迈向成功的运作过程中是从道德出发的。希望自己能影响学生和学校的中层人员必须大胆交流。

作为教育工作者，交流在我们的生活中至关重要。对于整体来说，一个学校的中层必须确立与学生、家长和彼此进行交流的明确预期。学校必须建立交流途径，定期向利益相关者传达学校的任务、道德标准和所取得的进步。学校中层也要通过日常行为与互动向外界传达这些理念，而这些日常行为与互动又是与更为正式的交流手段保持一致的。在这两种情况下，我们必须练习如何自信、坚定和大胆地进行交流。忠诚的教育工作者十分擅长表达他们的愿景、价值观以及他们对自己所从事事业的激情。他们会在每年开学的时候阐明交流的核心价值，并在接下来的一整年里都有策略地采取行动来体现这种价值理念，从而确保与他们一起工作的所有人取得最佳业绩。

Chapter

3

第三章

观 察

OBSERVATION:
STRATEGIES FOR SUCCESS

从观察获得成功的经验

在上一章中，我们强调了与利益相关者就学校内发生的事情进行交流的重要性。当然，除非我们能有策略、有意识地进行观察，否则我们是不能传达那些发生在学校、教室里影响学习的事情的。乍一看，“观察”这一词会使人想起关于教育的书中提到的传统观察，这无非是学校行政主管们定期地对课堂上老师们的表现进行评价。尽管这的确是我们核心价值里的一部分，但是在学校这个环境中，观察应该有着更广的范畴。的确，学校中层应该观察老师的教学（虽然，根据我们参观过的大多数学校的情况，这种观察应该要进行得更频繁，且观察的目的应多样化，而不仅仅是为了考核评估），老师之间也应该互相观察，所有的教育工作者都应仔细地观察学生。我们也应该密切关注学校的设施，从而了解其对于我们的信念与行为所蕴含的意义。我们应该观察学校师生群体，跟踪其发展和特征的变化。同时，我们应该观察本地区和全国各地其他学校的教育工作者，如有可能，找到并从中获得成功的经验。我们应该定期地观察我们校车里所发生的事情，甚至要观察参加课外活动的学生。专注和善于观察的教育工作者能认识到“观察”的多个方面，而且能有目的地作出规划，以便系统地、始终如一地完成下列所概述的核心责任的各个组成部分。

观察的各个方面			
用心观察、发觉、对待的行为，以及从中获得的信息			
在观察的核心技能中卓有成效的教育工作者：			
◆ 承认	◆ 评估	◆ 感觉	◆ 反思
◆ 分析	◆ 检查	◆ 衡量	◆ 调研
◆ 查明	◆ 聚焦	◆ 监督	◆ 看见
◆ 出席	◆ 跟踪	◆ 注意	◆ 研究
◆ 核实	◆ 推断	◆ 发觉	◆ 监管
◆ 思考	◆ 视察	◆ 探究	◆ 调查
◆ 侦察	◆ 解释	◆ 记录	◆ 考量

观察带来立竿见影的改变

当我们提到“观察”时，事实上我们是用这一术语来包含上述所列的所有方面。从本质上来讲，我们坚信学校中层必须有策略地、定期地且始终如一地观察学生的学习情况和老师的教学情况。与“观察”联系最为紧密，而且我们认为是这一核心价值中重要的组成成分就是“监督”。我们必须对学校的每一个方面进行监督——但最为重要的当然是课堂。例如，学校中层必须对课程设计进行监督。然后，我们必须对评估的具体做法进行监督，确保所教课程与我们考核的内容是一致的。最后，我们必须利用评估的结果来推动未来的工作。

里夫斯认为仅仅为提高学生学习成绩而制订计划是不够的，我们必须对这些计划进行监督。也就是说，我们必须就各种数据得出的结论进行定期观察，并且进行相应的调整。施莫克在书中提到，我们一定要敢于监督课程，老师和学校中层要定期开会，以便确保当前的教学是以大家一致认同的标准来进行的，并确保教学是朝着改进的目标取得进步的，而目标是根据评估结果不断地调整的。马尔扎诺、沃特世、麦克纳尔蒂提出，在21个影响学生学业的管理责任中，监督和评估——监督学校做法的有效性，评估这些做法对学生学习的影响——可以带来立竿见影且持续不断的改变。

对教室里发生的事情进行观察，并对课程完成情况以及我们取得的效果进行监督是非常重要的。观察学校的外观也是十分重要的。霍尔在《午夜的校舍》一文中轻松愉快地描写了他夜间带着校外人士逛校园的场景。他敏锐地指出我们学校的大厅和墙壁是向内外宣传学校价值观最好的条件。我们通过装饰、颜色、文字以及张贴出来的学生作业所传达的这些细微的信息都具有影响力，可以用来展示积极或消极的学习环境。正如霍尔所指出的，仅仅张贴学生的作业是不够的，对每份作业要附上该作业的目的说明、与课程设置的关系以及展示这份作业的原因。虽然事实证明找来一群校外人士陪我们逛校园比较困难，但是我们积极鼓励每一位老师和管理人员，不管他们在现在的学校工作了多久，都要这样好好地逛一逛整个校园，观察和记录他们关于学校价值观的所见所想。观察学生的学习、老师的教学显然是最为重要的，然而仔细观察校园里各个方面的外观也是十分重要的。从停车场到餐厅，再到走廊大厅的墙壁，我们要看清楚学校通过这些外在的形象传达了怎样的信息。

观察这一核心价值与学校中层的许多其他责任有着密切的联系，其中包括第一章中谈到的交流，因为我们必须和别人交流我们观察到了什么。我们认为观察行为要求学校中层是可见的，是知晓各种情况的，他们要对整个教室、整个校园甚至整个校区进行监督，并据此调整。学校中层越是经常出现在公众视野里，他们就越清楚学校是怎么运行的。他们对学校运行状况越清楚，就越能监督事情的进展情况，并相应地做出调整，以达到预期的结果。下面是一些学校中层可以采纳的，可以提高学生学习成绩，改善学校业绩的具体观察策略。我们在下文概述的策略要求不高，学校中层除了要认识到这些策略的重要性，在学校坚定地实施便可。接下来的每一个建议都简单易懂、便于实施，可以在小学、初中、高中各级学校使用。

策略6：让教师之间相互观察，增强监管力度

为了监督和评估，学校中层要观察所有教师的上课情况，这固然很重要，也许还是强制性的，但我们仍然积极鼓励学校设立一种正式或非正式的工作流程，允许老师之间相互观察，以便他们了解彼此的教学情况。同事之间相互观察可以作为一个突破口或监督过程的一部分，也可作为发现明星教师的一种方法，这些教师也许有很多成功的经验与前来观察他们授课的同事分享，这甚至还可以当作监管制度的一部分。霍尔指出，让明星教师参与同事间的观察活动，无论是对明星教师还是日后的新星教师都会带来很大的好处。对于正面临难题的教师，只有面对过相同或相似困难的同事才是提出建议的最佳人选。埃利斯、史密斯、阿博特发现同事间相互观察有助于监管，被同事观察的教师和管理人员都大大地改善了对监督的态度。根据我们自己的经验，我们发现了同事间观察这一活动还有一个令人意外的好处，那就是我们经验丰富的明星教师喜欢观察新教师，并从中学习到了不少东西。刚

刚开始教书的老师通常都有很多新点子，而我们的明星教师一旦看到这些新点子就会兴奋，想亲自尝试。我们一直主张在学校不应该有等级之分。卓越的业绩胜过多年积累下来的重复和乏味的经验。通常情况下，新教师通过观察老教师可以受益；同样，老教师可以，也应该，从新教师身上学习。

在任何一个学校建立同事间观察机制相对都比较容易。通常学校会希望每位老师每月对其他教师进行一次观察。同事间观察可以简短，比如15到20分钟。同时可以采用一个简单的报告表，复印一份给被观察的老师，另一份给学校中层。在既有小学、初中又有高中的学区，校长们会让老师写一份对他们产生影响的学校或他们对学校产生影响的观察报告。通常，本校老师如果想要更多地了解合作院校上课的情况，合作院校是感到十分欣喜的。下面是我们在开展同事观察项目时用到的一个表格样例，名叫“OMS 报告”，这既是学校英文名称的缩写，又是“观察老教师”的英文缩写[①]。

① 奥特威尔中学的英文名为Otwell Middle School，“观察老教师”的英文为Observing Masterful Staff，缩写均为OMS。——编者注

奥特威尔中学
观察老教师报告表

观察教师：________________________________

被观察教师：________________________________

日期：时间：________________________________

年级/科目：________________________________

教学和学习活动描述：________________________________

____

____

____

____

____

感想与收获：________________________________

____

____

____

____

____

策略7：组织教学小组参观教师课堂，提高教学质量

除了要求每个老师在从事教学任务的同时观察几个同事的课堂（听几个同事的课）以外，我们发现，让老师和学校中层进行小组课堂集中走访也很有用。这种集中观察通常是由教育工作者（最好是3至6人）组成一个小组，对某一个教师的课堂进行集体参观。有时，小组成员就是由同一个教学楼里的几位老师。或者，学校中层和周边学校的老师也可以加入小组。当进行课堂集中走访时，我们要再次建议每次访问最好控制在15-20分钟。此外，参观课堂不仅仅要观察课堂上发生的一切，我们建议要利用这些机会专注关于教学的一两个具体的方面。理论上，这些集中观察的重点必须是被观察老师和集中观察小组在观察之前的预备会议上确定下来的。这可能是老师希望观察组重点考察他做的任何事情，如课堂管理、提问技巧、师生动向、学生参与度或者布置和完成作业的质量等。

一旦教师观察组成立，并与被观察的老师碰面，一同为本次走访确立重点，组内成员可以参观班级，与学生进行安静的交谈，观察并记录他们所看到的与设定观察重点有关的事情。然后，观察组应该与该教师见面并分享每个人记录的内容，以及集体反映出的主要问题。这种做法的另一种形式是进行跨年级、跨科目的实施，为整个观察组、年级或科目而不是教师个人确定一个重点观察范围。然后，观察组成

员轮流观察组内的所有老师，并重点关注对组内所有成员都至关重要的一两个教学方面。在组内所有老师都被观察之后，全组成员应该聚集在一起，就他们在不同教室所观察到的情况开展广泛的对话，而内容主要集中在教学的某一方面。有必要提醒一下，这一过程不应该是评估的过程。相反，这对于所有参与的人来说，无论是观察组成员还是被观察教师，观察的过程就是学习的过程。

采取这种学校范围的课堂集中走访是一个极其有效的方法，可以就教学的具体某些方面对整栋楼里的课堂进行直接观察。在很多我们熟悉的学校里，观察后的交流为教育工作者提供了大量对话的机会，老师们从中坦诚地、真正地互相学习、互相分享。在教育工作者这一高尚的职业里，正如大多数值得追求的理念一样，进行这样的走访，主持跟踪会议，对所有走访进行分析，这些都需要时间的投入。学校中层或许需要探索一些创新的方法，给老师提供这样的时间，从而使定期的课堂集中走访顺利实施。根据我们所在各个年级的经验，对于这种尝试的投入会获得极为可观的回报。事实上，我们已经发现课堂集中走访已经成为学校提升方案里不可分割的一部分，同时也是学校新教师入职培训项目的主要部分。无论何时，我们让教育工作者相互观察彼此的教学，都有可能给双方——教师和教师观察者带来好处。

策略8：高频率地出现在公众视野中，增大积极影响

对于学校中层来说，完成“观察”这个核心价值的效果最好且效率最高的方法就是高频率地出现在学校里。可见度就是指学校中层与教师、学生及其家长接触与互动的程度。中层要出现在学校的各种场所，甚至学校外，例如走廊、自助餐厅、教室、操场、课外活动场。老师和中层在学校各种场合和学校活动场所保持高频率地出现在大家视野里，不仅可以就有关学校发生的事情与人交流，以表示他们的关注，还会有无限的机会进行互动，观察学生的表现以及学校的运转情况。就中层管理人员在教室里的可见度方面，我们感觉在每个老师的课堂里每次观察5分钟，一学年观察30次所获得的有关师生的信息要比每年一两次45分钟的正式观察获得的信息多。对于老师而言，不断出现在学校的走廊观察正发生的一切，不仅可以提供一个更为安全、井然有序的学习环境，而且可以轻松随意地与自己的学生交谈，改善和学生的关系，这样可以收获学生更良好的课堂表现。

毫不奇怪，“没有足够的时间”这个困难总是抬头，成为上述谈到的老师和学校中层增加可见度的障碍。老师都忙于备课，没有时间到学校走廊里去监督学生，与他们交谈。中层忙于各种事务，也被困在办公室里。我们要再一次强调，克服类似的困难只需要把事务排在更重要的位置。对于每一个学校里的教育工作者来说，保持高出现率

应该是优先考虑的事。学校中层每天应该对一定数量的课堂设定一个简单观察的目标。他们应该把观察走访摆在优先的位置，在一天开始时就先完成这项工作，免得临时问题出现，耽误了原计划。此外，作为校长，我们两位作者把可以不在办公室完成的行政工作放到教室里完成。我们把这种做法当成了习惯，学生在做功课的时候我们就在旁边做自己的工作。学生不仅似乎很喜欢看到我们在他们的教室里工作，而且我们在场的时候他们会表现得更好。多年来，托德坚持认为学校在上课的时候，行政管理人员在办公室里能做的工作有限，这对学校工作的改善将产生直接的影响。相反，学校要取得进步，校长们就应该出现在活动场所：教室、走廊、自助餐厅、操场——学生和老师聚集的地方。

同样，学校中层还要敦促老师出现在大家的视线中，这可以对学生的生活和学校整体产生巨大的影响。所有老师都知道在课间他们应该监管走廊，在课外活动场所他们应该不时地出现在大家的视野里。模范教师会按部就班地完成，但普通教师只会注重教室四周发生的事情。就我们的经验来看，我们发现那些已经完成了大量工作相关任务的明星老师总会找出时间参加课外活动或与同学一起吃午餐或监督走廊；普通老师对此要么忙着抱怨，要么找借口。当然，最后，明星老师在这种时间上的投入也获得了回报。因为学生认可老师的出席和敬业，他们倍加尊敬这种奉献精神，对老师的行为举止也会改善。杰夫当校长时，学校里有一名年度优秀教师罗尼·麦克尼斯。麦克尼斯老师不仅是我们所知道的最好的数学老师，而且他还是学校中层里的重要一员，是成功的足球和篮球队教练。在经过一周极其紧张的教学和训练之后，麦克尼斯老师对他承诺出席一个六年级学生参与的《胡桃夹子》演出有些犹豫了。他去了之后更是沮丧，因为他才发现这是一部芭蕾舞剧！然而，这次时间的投入虽说是很大的个人牺牲，但对于这个年轻的学生及其家人却留下了深刻的印象。学生的家长很吃惊：孩子的数学老师、学校足球队的教练居然肯花时间在周五晚上观看芭蕾演出。可以想象罗尼这次演出的出席会对接下来一学年他与这个学生及其家长之间的关系产生怎样的影响。

成为公众视野中经常出现的中层管理人员可以对学校产生积极的影响，然而这是我们可以做到的最简单但也是最困难的事情。一方面，它不需要脑力劳动、笔头工作、时间规划或创造力；但是另一方面，有时日常琐事的阻碍、危机处理、时间限制以及繁忙日程之外的意外事件都会妨碍我们履行这一核心职责。尽管每个学校和每位教育工作者都会遇到各种各样的障碍，但是名校总有不少这样的教育工作者，他们始终能在公众视野里保持较高出现频率。那些配备了这种具有奉献精神的教育工作者的学校必然会从这种可见度中获益。正如霍尔指出的那样："安心与熟悉程度来源于可见度，同时也提供了适量的惧怕与秩序。"学生们希望他们的老师能出现在校园各处，而我们的好教师也想在教室里、校园里见到中层管理人员。此外，普通老师则对中层的高出现频率感到不自在。由于他们知道自己在任何时候都被观察，所以就会更加努力地工作来提高他们的教学水平。对于老师和中层管理人员来说，在公众视野里高频率地出现更有利于营造一个井然有序的、积极向上的学习环境。

策略9：在学生上学和放学时问候和观察学生

学校中层想要通过出现在公众视线里以了解更多学校里发生的事情，一个具体的方法就是在学生上学和放学的时候经常跟他们打招呼。这是一天中十分重要的时刻，因为这个时刻为一天学习的开始和结束奠定了基调。一学年有180天，那么我们一年下来就有360次机会观察学生上学和放学。通过这些观察，我们可以了解很多事情，可以积极地扭转潜在的问题，促进学习，确保一个安全有序的学习环境，与学生和同事进行相互交流。想要通过这种方式卓有成效地积极影响学校，关键就在于持之以恒。我们认识的一个校长在他的学校确立了一个目标：每一个孩子在进入教室之前可以受到3位充满关切的成年人的温暖问候。我们必须抓住孩子们上学和放学的360次机会，保证到场360次。

我们建议，当学生每天到校的时候，至少有一个学校中层或者老师就站在学生坐私家车、公交车或步行到达的地点。我们要设立这样一个目标，那就是中层或者教师和每位进入学校的学生口头打招呼、握手，祝他们一天过得愉快，问问周末过得如何，或者把他们拉到身边，鼓励他们把握好今天。

除了与每位同学打招呼以外，在他们到校的时候我们还要仔细地观察他们，对于我们发现的潜在问题要及时解决。如在学生踏进教室之前，就是及时解决学生着装规范问题的好时机。此外，我们可能会注意到某个不愿上学的孩子不带书包或学习资料，我们可以立即把他们拉到身边，叮嘱他们要在家里完成作业，做好充分准备再来上学。在每天结束的时候，我们也要做同样的事情。在孩子们离校的时候也要监督他们，祝每位同学度过一个愉快的下午，再和那些在行为上和学业上需要提醒的学生或需要特别鼓励的学生进行简单的交谈。我们发现以这种方式与学生建立关系且坚持下去，可以改进他们的态度和学业成绩。那些认识我们并且知道我们每天上下午注视着他们和他们打招呼的学生通常会对我们的出现和友好监督表示尊重。甚至那些不愿学习或表现不好的学生知道我们在那里，注视着他们，每天上学、放学都跟他们每个人说话，他们都会尽力让自己表现好一些。

每天上学、放学的时候，除了安排老师和中层人员在外面与学生打招呼，如果在学生早晨进教室或者下午从教室出来的时候，安排教职员工站在公共区域和走廊也是很有好处的。最后，我们通过安排老师站在教室外，观察每位学生并跟他们打招呼，从而完成上午和下午的观察工作。老师的微笑和一句鼓励的话都会极大地影响到学生们的上课状态。那些说自己一直都在忙于制订计划而没有时间站到走廊里去的老师未能意识到这种形式的观察其实是计划中更重要的组成部分。当我们观察学生进入教室的时候，我们可以观察到他们的仪表、态度、表情、上课准备情况、精神面貌——所有这些因素在我们对下一步的学习做计划时，都应该考虑进去。

多年来，托德与我们分享他的个人目标：创造一种“关爱真酷”的校园文化。在每天上学、放学的时候，我们担负起站在那儿跟学生打招呼的责任，以此表示我们对学生的关爱。很多学生依赖我们就像依赖家人给予他们关爱一样。在我们通过给予这种微不足道的个性化关怀使我们的孩子每天都生活得更好一些的时候，我们也从中获益，因为这些孩子会因为我们的关爱而更有可能朝着我们的期望去学习、努力。

策略10：为教师创造更多观摩其他教室的机会

很多学校地方足够大，但可以举行全体教职员工开会的地点只有大礼堂、食堂和多媒体中心。然而，无论任何时候，只要可能，我们会在教学楼里的任何教室里开职工大会。巴斯认为这是一种让隔离在教室里的老师融入同事这个团体的好方法。巴斯甚至建议每次主持职工大会的老师在开会之前和大家分享一下自己班级的事情以及用到学生身上的独特的成功策略。在教室里开会，而不是在学校其他地方开会可以给所有与会者一个仔细观察该教室的机会，从而观察到很多在教室里发生的事情。

规模大的学校会有很多老师，同时将所有老师聚集到一间教室里是不太可能的。尽管如此，任何可以在教室里开的会议，如部门会议、专业学习共同体会议等，在教室里开比起在办公室里或者是在公共场所开都更有意义。教室是我们的核心业务开展的地方，即便学生不在场，我们仍可以在教室里对我们的学校进行观察和了解。老师们以小组的形式定期开会——如开部门会议或年级会议——我们建议效法巴斯的做法，安排小组里的老师轮流承担起在自己班里主持会议的责任，并且每次在开会前都跟大家分享一个对于自己班来说行之有效的具体措施。

在教室里开家长会要比在办公室里开效果更好。家长可以亲自观察孩子每天学习的地方，老师可以随手拿出有关孩子在校表现的资料。我们甚至发现，在教室里而非在办公室里举行家长会，一些不太随和的家长也很难表现出不随和的一面。

当教职员工不能同时在一间教室里开会时，我们可以轮流在教室开会，我们称之为“旋转木马式”会议，在业务学习日我们经常采用这种形式。例如，在旋转木马式会议里，我们把老师分成不超过25名一组。如果有100名教工，我们就会有4到5组老师，这也取决于我们打算开多少次会议。每组老师在指定的时间内轮流主持会议。例如，在开学伊始，我们可能开四次会议，校长主持第一次，其余的由校长助理、顾问和教师带头人主持。四个主题分别是学校安全、对教职工的期望、差异化、标准单元设计。每个话题时长为30分钟，四个会议之间有5分钟作为过渡。整个过程两个多小时，每个教职工在参观4个同事教室的同时可以了解到教学的四个不同方面。每次举行旋转木马式会议时，我们往往将相近的几个教室分成一组，但是根据走廊、学科、年级又有所区别。某一天，我们可能在4个不同的八年级的教室里开会；下一次，我们可能以这样的方式，选择在4个不同的数学教室里开会。在教学楼的各个教室里学习可以使我们有机会看看其他教室是什么样子的，感觉怎么样——当我们坐在学生的椅子上时，我们就会跟学生换位思考，这是一种不同寻常的经历。以我们多次组织这种会议的经历来看，我们观察到老师不仅获得了别人传达的信息，而且写下了一些他们第一次坐在教室里通过环顾四周而获得的想法。

策略11：参观其他学校，学习高效的治学方法

最近，我们有机会和几个老师一起对佐治亚州亚特兰大罗恩·克拉克私立学校进行了为期一天的参观访问。该校有五年级和六年级，总共有60名学生。克拉克是受全国人民称赞的老师、演说家和作家。他作为老师的生平最近被拍成了家喻户晓的电视剧，由马修·派瑞主演。参观完罗恩·克拉克学校，和我们同行的两位老师返回学校后变得面貌一新，更加活力四射、充满热情。同时，在传达他们的所见所闻和指出可

在自己学校效仿他校的经验时，他们也带动了其他的教工。根据他们参观该校后的想法，他们甚至在这学期末还举办了空前成功的学术十项全能活动。这个学术十项全能活动成为全学年中最为成功的活动，因为学生和老师都积极参与课程的学习并且从中获得了很多乐趣。

毋庸置疑，罗恩·克拉克学校是一所不同寻常的学校，这所学校安排的一切（包括两层楼高的滑梯，从二层到一层的学生和老师均可使用）在其他学校是不容易办到的。然而，这所学校的整体氛围和文化是其他学校学习的榜样。罗恩·克拉克学校的特点是富有热情、创造力、正能量，纪律严明、尊重所有人、上课专注，这些特点可被任何一个学校所效仿。该学校配备了这样一批老师：愿意看见本校坚持这种文化，并愿意改变他们的教学方式以营造出这样积极的学校文化。此外，人们无须参观令人惊叹的罗恩·克拉克学校就可以受到鼓舞。事实上，参观任何学校我们都可以从中学到很多，无论我们生活在哪里，我们都可以向许多周围的学校学习。有的时候，我们会了解到一些错误的做法；但是更多的时候，我们会发现在其他学校的某个做法激发了我们的兴趣或想象力，为了进步，我们也想在自己学校里尝试一下。

周边的学校有着丰富的，通常未经开发的资源，可以供我们观察不同环境下的教学状况，这些学校和我们十分熟悉的环境不同。我们鼓励学校中层将参观其他学校纳入年度发展计划当中。至少保证每年有一天到其他学校进行仔细参观，参观过后至少带回几个点子与本校的其他同事分享。虽然我们坚信在学校里最有效的职业学习通常源于学校本身，但是观察其他学校的教学则是极为可行的了解别人在做什么的方法。

除了参观其他学校，努力学习新的有效的方法以改进教学，我们还可以通过邀请其他学校的教育工作者参观本校来学习。我们的学校总是定期招待那些慕名而来的教师和管理人员，看看我们是怎么做的。毫无疑问，在参观的过程中，来访的老师会跟我们交换一些他们学校的理念，这些理念我们学校也可以借鉴。那些想要做出改变的学校中层可以从他人身上学到很多。我们曾在几所学校工作过，在这些学校里教育工作者确实在内部消除了隔离的障碍，鼓励老师相互观察、相互学习。观察周边学校的老师和管理人员并向其学习这一做法还不算普遍，却是新思维宝贵的潜在来源。我们鼓励所有学校中层确定一个目标：除了参观本校，每年至少拿出一天的时间参观一所其他学校。为这种学习而做出的努力是很值得的。

策略12：积极吸引实习教师，为学校注入新动力

招聘教师的时候，我们认为很重要的一点是，让未来的应聘者知道一旦被聘用，我们会要求学校在岗的老师变得更像新老师，而不是与之相反。对于第一次听说的老教师来说这是一种冲击，是和直觉相违背的。当然，我们知道对于我们的职业、我们的教育制度，以及我

们的学校，新教师有很多需要学习的地方。然而，我们的目的是将在某个或某些领域出类拔萃的新老师招入我校，以便让他们能向在岗的经验丰富、专家型的老师分享他们在这些领域的智慧。

按照这些思路，我们十分推崇实习老师来我校工作，而且越多越好。现在高等院校常常尽量把学教育专业的学生安排到学校，要么全职实习，要么兼职体验。学校中层和老师应该尽一切努力邀请未来的老师到他们学校，进课堂，观察他们，向他们学习。因为他们会找到自己的教学方式，或许还会尝试一些我们不熟悉但又值得我们考虑的新方法、新策略。带实习老师会给一个本来就很忙碌的任课老师增加负担，而且不是所有的实习老师都能做得一样好。然而，我们要伸出手，帮助这些未来的教育工作者，教会他们如何适应工作；反过来，我们认为自己也可以从他们身上学到同样多的东西。

在学校里安排实习老师可以促进学校整体不断学习的文化，同时还可以培养合作意识。一旦实习老师在实习过程中开始教课，我们往往要求学校中层和优秀教师去听这些实习老师的课。此外，我们也常常要求实习教师听几次我校最优秀老师的课。在学校里安排实习教师为教育工作者互相听课增加了一条途径，在这一过程中，我们必然会相互学习、相互帮助。除了实习老师在课堂听课、学习、监督和合作这些好处以外，当然另外一个好处是对于积极招收实习生的学校来说，一旦有教职空缺，他们可以从中挑选最为优秀的实习教师，这可算是实习教师的内部优势。

策略13：建立完善的教师评估体系

关于教师评估过程，有一点我们可以保证：如果有一个完善的教师评估体系，且实际、有效、连续、公平，那么我们就会采用这样的体系。然而，全国教育系统都在努力寻找一个有效的方法来观察教师和评价教师的教学水平。就像教育的许多其他方面一样，教师评估体系这个钟摆多次来来回回地摇摆，从采用严格的表格和其他“客观”手段设法对评估过程进行完全标准化，到让老师准备历程档案作为过去一年取得成果的凭证这种开放式方法。想来，一个学校评价老师的指导方针都是由学校系统里的中心办公室制定的。每所学校的任务都是使管理人员和老师们共同协作，优化老师的教学水平——最终优化学生的学业水平。

正如我们在开头提到的那样，目前还没有一个完善的教师评估体系。不必惊讶，我们也不能在这几页纸上就讲出完善的解决方法与大家分享。然而，我们确实清楚，相比起对老师和学生进行评价，“观察”和“监督”老师和学生从事的活动及其结果才应该是这一过程的核心。如果学校中层定期观察、监督教室里上课的老师和学生，那么评估过程就自然开展起来了。对教学我们观察、监督得越多，老师们对我们的出现会越感到自在，发生新变化的可能性也会更高。相比而言，在传统的模式下，学校中层一年才进行一次班级观察，但随后就凭这一次观察来评判老师的教学水平。在观察、监督、评估老师的过程中，我们建议老师和学校中层一开始就确立明确的指导方针，以便这一过程能在全年中得以贯彻。再者，在找到完善的教师评价体系之前，教师这一评价过程在每个学校都是不一样的。但是我们建议考虑下列几个因素，这应该会对教师的评价和发展过程起到关键作用。

（1）明确目标

在每一新学年开始之际，学校管理人员应该根据上一学年的业绩，明确全校的发展目标是什么。学校一开学，中层人员就应该尽快跟每位老师或教师小组开会，根据年级或者学科内容共同确定一个明确的目标。一旦总体目标和详细目标已明确、已达成一致，日后观察和监督的重点就必须以这些方面为核心。教师如何推进学校不断发展的进程，如何完成他们自己提高学生学习成绩的目标呢？

（2）用问题引导

当学校中层观察班级的时候，应该多关注学生在学什么，而不是老师在教什么。我们应该找一找这些问题的答案，例如：上这节课的目的是什么？学生对此清楚吗？学生知道老师想要他们学会什么吗？学习结果和期望相符吗？学生正在做什么？他们参与的程度怎样？老师如何评估学生学习的预期成果？除了在观察过程中要找到这些问题的答案以外，学校中层和老师们在一起开会制订实施和监管教学计划的时候也要讨论这些问题。

（3）关注结果

本质上，我们的核心业务当然是学生的学习。在对老师进行观察和评估的时候，我们必须注重他们在学生学习效果上取得的成果。在这种情况下，我们必须实事求是，注重正面的东西，坦诚地指出老师做得不够的方面，不要相互指责或者找借口。

（4）识别可变因素

就学生的学习而言，我们坚定地认为老师是首要的可变因素。我们十分清楚学生是各种各样的，个子有高有矮，家庭背景各不相同，学习能力千差万别，然而我们认为老师有能力，也有责任使所有学生都取得显著的进步。虽然学生的个人因素与学习有着必然联系，但是我们相信优质的教学可以克服学生个人因素差别这一挑战。我们关注的不是班级所有学生都超过标准，而是学生的成长，这一点可以通过学生全年学习成绩的变化予以证明。改述一句源远流长的名言：学生走到哪里不重要，重要的是他们从哪里出发，走了多远。即便是我们的超级明星老师都不可能将每一位学生培养成代表全体发表毕业演讲的优秀毕业生，但是我们期望所有的老师都能够缩小学生之间成绩的差距，并记录每一位学生成绩的进步情况。我们不允许彼此接受学生不学习的借口。我们必须承认，作为教育工作者，我们是与学生成绩相关的最重要的可变因素。

(5)提供支持

对于任何观察、监督和评价教职员工的计划来说，一个关键因素是提供支持。与其他职业领域相比，教育领域尤其如此。人们选择教育当做职业是因为这项事业高尚。大多数教育工作者可能会说选择这一职业是因为想对年轻人的一生起到重要作用。教育工作者会因为有目标有意义而感觉受到激励和推动，而不是出于经济上的考量。我们这么说是因为在绝大多数情况下，做得不够好的老师并不是因为人品糟糕，或职业道德低下，或缺乏诚信，不想进步。可能确实会有少数几个这样的人存在，但是我们绝大多数做得不够好的老师都是渴望进步的专业人才，他们愿意接受我们的帮助。

作为学校中层，我们最重要的责任之一就是支持他们。怎样为表现欠佳的老师提供帮助本身就可以写一本书了，而且已经超出了本书的范围。不过，下面是帮助表现欠佳老师的基本框架：首先，我们必须多次亲自观察老师。我们必须和老师交换意见，指出重点，保持积极的态度，实事求是地面对我们观察到的现实情况。然后，我们必须与这些老师建立起彼此信任的关系，这样当需要注意的问题出现时，他们会很容易达成共识。最后，我们要制订一个帮助计划，然后按部就班地实施，并在全学年的几个时间点监督计划的进展情况。当然，具体的支持帮助计划是老师进步的关键，而且会根据老师所遇到困难的不同而有所变化。但是很多时候，这都会需要与面临和克服过相似困难的老师进行协作和观察。此外，坦率地讲，对于少部分表现欠佳的老师来说，我们的目标是不同的。我们不是要为了他们的进步而提供他们需要的帮助，而是要鼓励他们找到更适合自己的职业。但是在大多数情况下，我们必须尽力去帮助处于困境中的老师进步成长。在这个成长进步的过程中，他们需要坚定不移的支持，而对于学校中层，当务之急就是提供这样的帮助。

策略14：追踪计划的实施情况，及时调整和改善计划

一般情况下，当我们勉励教育工作者要关注观察的核心价值时，我们的意思是要观察人与人之间的交流，无论是学校中层观察老师，老师之间相互观察，还是教育工作者观察学生。然而，观察我们经过努力而取得的成绩也是十分重要的。我们必须不断地监督学生的学业表现和老师教学表现，观察什么因素对取得业绩有积极的影响，什么因素有消极的影响。

里夫斯谈到了“丑陋的”计划相对于“漂亮的”计划的优点。他指的是在绝大多数情况下学校在每学年开学初都制订了很多的继续改进计划，但结果这些计划只会上交到办公室或者被存起来，再也无人问津或不再进行修改更新。我们发现这是当今教育领域的一个致命的弱点，而这一问题在学校改进计划和教师、学校中层职业发展计划中相当普遍。当然，计划本身与计划的实施和监督相比并没有那么重要。

因此，这些计划在一学年当中应该是变化的，因为在这个过程中我们会对取得的成绩进行观察，对有效的做法进行微调，去掉不起作用的部分，找到新的方法处理值得我们关注的数据。正如里夫斯所提到的，随着时间的推移，这种可变的计划会变得“很丑”，但是计划就应该是这样，就像学校中层和老师一起合作，定期考核学生一样。

有的时候，我们会发现我们已经达到了预设的目标，我们要超过年初制定的目标；也有的时候，我们会发现自己没有达到预期的目标，必须采取不同的办法来应对，使目标仍然能够如期完成。通常，我们会发现一方面某些学生可以完成预期目标，甚至超额完成，而另一些学生却还没有完成学习目标。在这种情况下，我们必须调整计划，进行干预补救，缩小成绩差距，同时也要为完成预期目标的学生提供充实自己的机会。

成功的学校之所以成功，不是因为他们制订的那些描绘怎样改进自身的计划。同样，没有一个教育工作者是根据自己制订的个人改进方案来提高专业水平的。相反，学校和教育工作者只是在实施这些计划时提高自己，监督自身的工作情况，并恰当地调整计划。成功的教育工作者绝不会在开学时撰写改进计划，然后就把计划放一边，不管他们从学生成绩、老师教学和学校发展方面观察到了什么，都继续按部就班，实施以往的做法。

小结：抓住观察的核心价值，确保所有人都获得最佳业绩

正如这本书开头讲的那样，教学、学习、领导的四个方面是沟通、观察、人际关系和期望。我们两位作者认为这四个方面比其他任何方面都重要，它们渗透在学校的各个方面，最终会影响到学校的氛围、文化、老师的精神面貌和学生的学业表现。致力于改变学生的生活、彼此的生活以及学校本身的学校中层必须在每个核心方面做出计划，以求做到最好。虽然大多数人认为通过进行具有针对性的观察和监督来对学校的各个方面进行仔细的审查对于成功至关重要，但是我们并不总能做到观察并作出回应。学校中层若想对自己工作的学校产生积极的影响，必须有策略、有目的地参加一些亲自观察学生、老师的活动，观察他们的行为、习惯、态度和工作情况。根据这些观察，坚定的学校中层一定会采取行动改进上述提及的几个方面，不断努力取得更好的成绩。

本章上一节的目的是列举几个简单但具体的策略，供学校中层使用，以便有效地、不断地观察老师的工作情况。我们已经亲眼见证了所有这些观察方法得以成功使用，并在我们工作过的学校产生了积极影响。

将以上所有有关观察的理念串在一起就是这样一个主题——“找到你所寻找的”。我们相信教育工作者或者其他人都会找到自己所寻找

的东西。如果他们天生就消极、悲观、挑剔，他们一定会发现周围的世界是令人不快的、令人不满的、不公平的、需要不断修正的。相反，在教育界我们也经常发现很多过于乐观的专业人士，他们只看到情形好的一面，很少注意不好的、还需改善的一面。我们曾在一些学校工作过，在这些学校里有高学历、高智商并且经验丰富的教育工作者，他们听了同样的课、研究了完全相同的成绩数据，却对上课的效果和学生的学业有着截然不同的观点。就教育领域里与我们对观察持相同的观点方面，我们愿意鼓励所有的教育工作者能够“找到他们寻找的东西”，但是要保证在观察学校运作的时候，他们要有意识地寻找具体的东西。

此外，教育工作者应该努力做到在观察的过程中有时采用批判的眼光，有时采用赞许的眼光。既要发现或寻找一些值得赞许的方面，也要有目的地寻找并找到令人担忧的根源。我们参观教室和学校不仅仅是为了看看发生了什么，而是应该关注我们正在找寻的东西，同时我们要根据学生和老师的需要每天对关注点进行调整。具备了“总能找到我们寻找的东西”这样的理念，想要在学校有所作为的学校中层应该有意识地观察学校的教与学，发现其中的优点和缺点，或者是我们所说的积极的方面、中性的方面和的确不可接受的方面。

在更早的著作中，托德认为模范教育工作者“崇尚赞赏，避免批评”。当我们着眼于改进工作而观察学校时，这仍然是我们关注的重点。

老师和学校中层的主要责任之一就是在课堂和学校内营造一个积极向上的学习环境。当我们观察学生和老师的时候，以关注积极的方面为开端是很重要的。甚至当我们观察平庸老师和学习吃力的学生时，我们也必须这么做。这些老师和学生与表现突出的明星老师和学生相比，更需要这种正面的反馈。正如当我们自己的孩子开始学习新技能的时候我们会本能地为他们树立信心一样，我们同样必须关注学校里学生与老师的长处和良好品行，他们需要我们的帮助。虽然赞美和正面反馈是必要的起点，但是我们当然不能对表现欠佳的现象推卸责任，我们依然要尽己所能改善这些老师和学生的表现。以积极的手段为开端是带来改变最好的办法，目的是让学生、老师、学校都能取得成功。

当学校中层在全校实施各种观察方法的时候，也必须着眼于“寻找各种可能”，而不是关注各种困难、时间限制和其他成功路上的绊脚石。我们对学校内发生的事观察得越多，就越清楚需要采取哪些应对措施。在绝大多数情况下，我们都任凭那些不可避免的阻碍干扰我们目标的实现。几乎在所有的学校里，总会有一定比例的学生是跟不上的，产生不光彩的“成绩差距”，这在当今教育界很普遍。一些学校似乎接受了这种差距，认为这是社会经济地位或者是学生个人背景差异造成的必然结果。而其他的学校在面对同样的问题时则是积极应对挑战，为缩小差异制订计划、实施计划，并监督计划的实施。托德在一所学校担任校长，学校里的所有老师都同意在没有报酬的情况下延长每天的工作时间，以确保他们能有时间来满足所有学生的学习需求。杰夫在另外一所学校里担任校长，学校里每位老师都同意每学年可以义务工作两个周六上午，以便学校可以在每周六上午9点到12点开放，有5位老师和1名管理人员在学校尽力帮助所有学生完成每一科目的作业。以上仅仅是众多例子中的两个，它们表明，在核心因素的推动下，乐于奉献的教育工作者总能找到可能的办法来解决他们发现的问题。对学校里所有发生的事情进行观察，着眼于设想各种可能性来解决我们关注到并需要引起重视的问题，这是确保学校成功的另一种方法。

最后，所有学校中层都会周期性地遇到事与愿违的、不利于学校发展的情况。成功的教育工作者会对校内发生的所有事情进行观察，不断地关注积极的方面和可能的方面，但是他们也会通过寻找的确不能接受的方面来取得成效，并且理性地、坚定地、始终如一地面对这样的情况。在我们所知的每一所学校里，用心的好老师都比平庸的老师多。同样，在我们所知的每一所学校里，表现好、学习努力的学生都比表现不好、学习不努力的学生多。虽然我们会尽力关注积极的方面，但是我们也必须发现校内不能接受的行为举止，并及时采取措施进行应对。在成功的学校里，共同协作、相互扶持的教育工作者比比皆是，他们担负起帮助学生的重任，致力于学校的使命、愿景和价值的实现。如果令人无法容忍、阻碍学校发展的行为没有得到制止，有一点是肯定的：以后更多类似的行为肯定会继续发生。发现校园里令人无法接受的情况远不如发现好现象那样开心，但是，当学校中层与教师遇到对师生学习有害的个人行为时，要有勇气、有担当，这对于一所学校的成功来说同样重要。

观察在教育工作者的生活中十分重要。学校中层必须带领校内教育工作者一起建立一套例行程序，用以观察学生、观察彼此以及研究所有可能得到的学校的数据。学校必须有意识地寻找自己要找的，确保寻找目标多样化，以便可以看到什么起作用，什么不起作用。教育工作者必须观察在学校各个范围发生的日常行为和相互影响。为达到已确定的目标，学校要定期监督进展的情况。敬业的教育工作者善于观察学习过程，旨在提高学业水平。通过寻找并找到积极的方面、中性的方面和不能接受的方面，教育工作者才算坚守了自己的职责，营造了求知、合作和不断进取的校园文化。杰出的教育工作者会在学年伊始阐明观察的核心价值，在整个学年中采取战略性措施来实现这些核心价值，以确保与他们共事的所有人获得最佳业绩。

Chapter

4

第四章

人际关系

RELATIONSHIPS:
STRATEGIES FOR SUCCESS

多年来，托德在书中谈及他的核心信念：人会影响学校，而计划不会。无论计划多么宏大，它绝对不是解决的办法，也绝对不是问题所在。然而，实施这些计划的人才是问题所在，才是解决问题的办法。虽然一个机构中的人的确是机构成败的关键，但仅仅任用贤人是不够的。

人际关系直接影响学校成功

我们认可富兰的观点，即人在诸多因素的平衡中只是起点而已。对学生和教师的业绩产生影响的是我们在学校培养和维护起来的人与人之间的关系。如今的学校中，变化是常态。我们学校里建立的人际关系在这个不断变化的时代里必须建立在信任和彼此尊重的基础之上。富兰指出：“对于每一个成功的变革计划，一个共有的因素就是关系的改善。如果关系改善，情况就会改善。如果关系保持不变或者变差，我们的根基就丢失了。”因此，在学校里工作的所有教育工作者必须有意识地致力于建立和维护与学生、家长、社区成员的人际关系，最重要的是相互间的良好的人际关系。注重并善于构建人际关系的教育工作者能够意识到关系的多个方面，能够有目的地对这个核心职责的所有组成部分作出规划。以下是对这个核心职责的系统的概述。

人际关系的各个方面		
一种具体的联系或关联，它存在于人们彼此的往来之间，存在于人们致力于培养每个人的自我和职业生活意识之中。		
在使用人际关系核心技能方面效果显著的教育工作者：		
◆ 影响	◆ 认同	◆ 尊重
◆ 接纳	◆ 影响	◆ 联系
◆ 肯定	◆ 鼓舞	◆ 同情
◆ 联盟	◆ 互动	◆ 协作
◆ 联合	◆ 参与	◆ 触动
◆ 联手	◆ 参加	◆ 包容
◆ 连接	◆ 关联	◆ 改变
◆ 信任	◆ 感动	◆ 理解
◆ 共鸣	◆ 接通	◆ 团结
◆ 适应	◆ 认可	◆ 表达

建立良好的人际关系是中层的首要工作

如果房地产业最重要的三个词是“位置、位置、位置”，那么在教育领域，这三个词对应的可能就是“人际关系、人际关系、人际关系”。在每一个行业，建立牢固和良好的人际关系是显而易见且十分必要的成功之道。在我们的学校里，建立良好的人际关系就是首要工作。学校的每一位教育工作者必须认识到这一基本能力会影响到学校的各个方面。戈尔曼、博亚特兹、麦基将情商分为四个范畴，其中之一被他们成为“关系管理”，其详细的组成成分包括具有感召力的领导才能、影响力、人才培养能力、促变能力、冲突应变能力、建立联系能力、团队精神和协作能力。他们认识到，牢固的人际关系在所有组织中都具有强大的力量。“积极向上的团队帮助人们产生积极的改变，尤其是如果人际关系中充满了坦率、信任和心理安全感。”无论是我们考察校长与老师之间的关系、老师与学生之间的关系，还是学校与社区之间的关系，我们都必须努力使关系建立在安全可信赖的环境中，建立在诚实和公开之上。

领导艺术专家库泽斯和波斯纳为建立并维护良好的人际关系搭建了一个基本要素框架。他们指出，关心那些与我们一起工作的同事对于提高效率是必要的。他们提出的七个基本要素分别是：（1）设立明确的标准，（2）期待最好的结果，（3）保持关注，（4）给予个人褒奖，

（5）讲故事，（6）一起庆祝，（7）树立榜样。这七个建立良好人际关系的要素对于想要努力改善学生成绩，提高学校水平的老师和领导来说，是最佳实施办法中最核心的方面。马尔扎诺、沃特世和麦克纳尔蒂同样强调了这一点的重要性，并且将人际关系看成学校领导必须完成的21项责任之一，其目的是对学生的学习成绩产生积极的影响。作者建议在学校的环境下，教育工作者需要随时了解每位教职员工重要的个人处境，确知彼此生活中的重要事件和他们个人的需求。在学校里，我们彼此之间建立的私人关系不可能与我们保持的工作关系彻底分开。致力于这一核心价值的教育工作者能认识到私人关系与工作关系相互作用，这样才会竭力构建良好的、个人化的工作关系。

在学校建立起高质量、良好人际关系的关键是与所有利益相关者建立互信。本书专为学校中层而撰写。学校中层的人际关系会影响到校区里所有其他的关系，其中最重要的是师生关系。学校中层表现出互信、积极、合作态度的学校会充分显示出积极的校园文化。在这些有着互信的学校里，所有教育工作者会为了学校和学生的共同愿景而协作，因而学习气氛高涨。布里克和施耐德也考查了互信关系的重要性，并发现与信任度低的学校相比，信任度高的学校更有可能提升学生的学业水平。他们也提出了信任的四个重要表象，分别是（1）尊重，（2）关注个人，（3）承担核心职责的能力，（4）为人正直。要想在这四个方面融会贯通，教育工作者必须尊重所有利益相关者以及他们的观点，真诚关心彼此，相信他人的能力，信守承诺并始终将学生的利益放在首位。

绝大多数进入教育行业的工作者都会倾向于根据条条框框做事。然而，在这漫长的、充满挑战的、压力重重的学年中，即便是我们中间最优秀的人也会变得不耐烦，或者因为太忙或没有精力而忘记这些个人特征的重要性。正如托德反复强调的那样，我们对一贯坚持人际关系的核心价值再怎么强调也不为过。我们每天都要坚持这些价值理念。即使我们在90%的时间都做得很好，学校里也会有人记住我们没有将这些核心理念付诸行动的那一天。而且，就连我们的超级明星教育工作者有的时候都做不到100分。然而，好在正如我们鼓励老师给学生机会重考或补考一样，我们也可以改正失误的那一天发生的错误。我们改正错误的方法是简单而有效的，然而在我们的经验中却很少做到：找到我们之前可能伤害过的人，然后真诚地道歉。在学校里和在生活的其他方面一样，真诚的道歉有利于修补受损的关系。

学校是人类的群体，由于每年都有不同的老师和学生，我们被这个不断变化的关系网而联结在一起。学校中层所具备的、有助于个人之间建立互信关系的技能在很大程度上决定了该校是否成功。下面是我们找到的一些方法，学校中层可以运用具体的相关策略来提高学生的成绩和学校的业绩。正如沟通和观察这两个核心要素那样，我们不能凭运气来建立牢固的人际关系。我们必须监督我们在这一方面的行为，有意地为在学校建立和保持良好的、个性化的工作关系而制订计划。以下概述的策略对执行者的要求并不高，仅仅需要认识到这些策略的重要性，并坚决在学校里贯彻执行。以下的每一个建议都简单易懂、方便实施，可以在小学、初中、高中等各种学校采用。

策略15：给教职工家庭寄送贺卡

在学校里，尤其是小学，假期是每个学年非常重要的组成部分。当重要假期临近，不同年级的孩子都盼望着假期的到来。老师也经常利用这种兴趣来设计与假期相关的课程活动，例如感恩节和马丁·路德·金纪念日等等。假期也是一个好时机，可以暂停下来，反思在校教育工作者彼此之间建立的关系。在寒假期间，我们曾经用以巩固学校教工之间关系的一个做法就是给我校每一位教工的父亲或母亲（或者其他亲人）寄贺卡。整个学期，我们会为帮助孩子们的老师拍照（包括看管人、食堂工作人员、管理人员和办公室人员），然后将照片贴在贺卡上。我们还会在贺卡上写一些称赞的话：“我们想要和您分享学校里一位不可多得的人才，他（她）使我们学校成为求知的好地方。节日快乐！”在放假离校前，我们就会把贺卡寄出去。托德第一年这么做的时候，每一位教工都向他表示这件事对于他们和他们的家庭来说意义重大。作为一所中学校长，杰夫每年也都会这么做。这么做另外一个好处就是，每年一月份我们一定会收到教工的父母或者其他家庭成员的回信，感谢我们能花时间以这种方式认可他们的孩子。在大多数学校里，寒假不仅恰巧会涵盖某一个重要的节日，同时也是一个繁忙学年的中间点。这是一个绝佳的时间：能让学校里所有的教职员工认识到他们对于学校的重要性，能提醒每个人作为教育工作者真正的意义是什么。

策略16：给每个人为同事喝彩的机会

教职工大会是在全体教职工之间建立并保持关系的一个重要机会，通常以庆祝我们已取得的多项成就为主题。一个有效的方法就是每次职工大会开始之前，利用大约5分钟的时间进行一项我们称之为“为同事喝彩”的活动。这不仅可以加强所有老师之间的关系，还可在本次大会一开始就发出积极的信号。一开头，校长或者老师可以在存钱罐里投放1美元，以赞扬他/她想公开称赞的老师。这通常只花几分钟的时间，任何想赞扬某一位同事的教师都可以自愿贡献1美元，用来赞扬自己的同事。最后一位表示认可的教职工将保存存钱罐，等到下一次职工大会再带回来，重新开启这个活动。通过这种简单的认可别人成绩的举动所积攒下来的钱可以成为学校的阳光基金，或者捐到当地的慈善机构。通常，有的老师会捐5美元或10美元来称赞整个小组的老师。为同事喝彩是一种简单、快捷、有趣的巩固学校教职工之间关系的方法。

策略17：教职工大会结束前为教师颁奖

教职工大会应该做成一件有意义的事情，否则就没必要举行。在很多学校，全体教职工大会很少举行，往往为小组会议、部门会议或者专业学习团体会议让步。然而，每当学校有机会组织全体大会，校领导应该确保这段相聚的时间过得有意义。任何教职人员不用面对面传递的信息都不要在会上面对面传递，这样可以将宝贵的会议时间留着用来学习和庆祝。

尽管成功的学校领导组织全体大会有很多目的，但最终目标应该是让每一位老师散会后要比开会前对教学更加充满热情。会议的前5分钟为同事喝彩这个活动是为这一目标定下基调的好办法。每次会议以肯定大家的成绩来结尾是使老师散会时充满活力的另一种方法。我们曾工作过的一些学校在每次职工大会结束的时候都会颁发“海星奖”。学校中层会轮流表彰最近做了一些有特殊意义的事情或取得成就的老师，颁发一个海星证书和一个小礼物。还有一些学校会在散会前颁发“鲜花为你开”奖，校长准备12朵玫瑰，请12名老师上来，让他们每人选出一名做了好事的同事，并把花奖励给他们。

在其他学校，学校中层还会将本月出勤情况最好的老师的名字放进一个帽子里，从中抽取几个人，奖励每人一张餐馆礼品券，以此强调每天出勤，陪伴学生成长的重要性。虽然只是像游戏一样随机奖励老师小礼物，但这种方式确实凸显了我们最重要的理念：我校的老师对学生的生活产生重要的影响。如果老师每天都出席，学生学习到的知识会更多。若老师缺勤，无论是学生的学习还是行为都会受到影响。毫不奇怪，我们最为优秀的老师每年的出勤情况都值得其他人学习。他们希望学生每天都来上学，所以他们以身作则。定期给全勤教师赠送小礼物，这个小措施可以对那些知道自己出席的重大意义的老师表示感谢。在每次教职工大会上做这些是在反复强调一个事实：老师出勤是核心价值之一，有利于促进我们与老师之间的良好关系。

策略18：创造服务型学习的机会

通过服务性学习来巩固学生、老师和学校中层之间的关系是一个极为有效的方式。学校的责任以及标准化考试使得许多学校注重考试成绩的提高，但忽略了同等重要但更有意义的与他们周围的世界相关的学习机会。虽然我们认识到让老师和学校中层负责提高学生的成绩的重要性，我们同样也意识到孩子们积极地从现实生活中学习的必要性。能达到此目的，同时能使学生和教职员工之间建立起坚固、良好关系的一个方法就是利用服务性学习项目。

这种筹划并实施一个服务性学习项目的机会在我们国家的各个地区都有。为了成功实施这类计划，应该从小处着眼，让学生充分投入其中，决定哪一类型的项目可以最先开始。如果学生对服务性学习项目的实施提出自己的想法，他们就更有可能在这个项目上坚持到底，他们最终就会从中学习到更多，并在这个过程中建立更紧密的关系。

服务性学习的可能性是无穷无尽的，可以作为全校项目、班级项目或年级项目来举办。我们已经看到这类项目每年或每学期举办一次。在一所学校，一些学生被认为有辍学的危险，他们的老师就决定让这些学生考虑承办这样一个项目。在这一组学生中，有一位学生想要为当地的消防部门做点什么，因为在一次严重的车祸中，消防人员救了他哥哥的命。这个班花了几周的时间为这个消防部门筹划了一个感恩节大餐，在感恩节放假的前一天，他们把准备好的食物送到了消防站。在那里，消防队员带着学生和老师参观了消防站的设备，跟他们讲解了消防员工作的各个方面。当地报纸报道了此事，刊登了精彩的文章，并配上了学生和消防人员的合照。通过这个项目，学生学到了许多人生的宝贵经验。同时，他们彼此之间、与老师之间以及与他们提供服务的消防人员之间建立了互信关系。

在同一所学校，有一群天资聪慧的学生，他们的老师在一个服务性学习项目中取得了学生们的支持，在有限的资源条件下帮助本州其他地区的一年级的学生上学。她号召班里的每一位学生买一本自己最喜欢的儿童读物，自己阅读后用录音带录下来。老师在每一本书的扉页贴上每一位学生的照片，把每一本书连同录音带放入一个塑料袋，然后寄到他们想要帮助的学校。结果，收到书的一年级学生了解到更多关于阅读的知识，赠书的学生则学会了给予，参加项目的所有老师和学生都学会了如何与他人建立良好的关系。

当托德还是一个初中校长的时候，学生决定要为一所需要帮助的幼儿园筹划一场圣诞联欢会。这所幼儿园为各种有残疾的学生提供服务。这次活动举办得非常成功，不仅募集到了可以为孩子们购买必需品的资金，而且还为两所学校的孩子们带来了极大的快乐。除了向学生传达要关爱他人的信息外，这次节日联欢会还有另外一个好处，那就是学生在那一周其余的日子里表现得更好，老师也更加精神抖擞。在为这些有残疾的孩子提供帮助以后，学校里再也没有学生嘲笑智力上或身体上残疾同学的现象了。

有一个老师曾经成功地将服务性学习活动纳入课程学习中，认为其好处非同一般。服务性学习活动之所以这么成功是因为老师在课堂里转变了自己的角色，转变了与学生的关系。一旦与孩子们建立了牢固的关系，老师能对他们产生的影响是惊人的。服务性学习项目是一个宝贵的机会，既能强化核心课程目标，又能在参与者之间建立起紧密的关系。

策略19：表达赞赏的五个关键原则

在学校里，我们坚信学生和老师没有最好，只有更好。作为教育工作者，我们最重要的职责之一就是为我们的学生树立榜样，尤其是每天要带着尊重对待每一个人。作为学校中层，我们决不能逃避对学生的责任，所有学生和教职员工都要对工作负责并且做好。我们不怕面对业绩欠佳或者行为不当的问题。然而，我们也不能将注意力集中在我们犯下的错误和我们要面临的困难上面。我们之前就提到教育工作者希望找到什么，就能找到什么。我们不能忽视对学习不利的学校事务或阻碍我们完成使命的困难，但同时我们也要关注美好的事物——美好的事物在我们的职业生涯中、在我们工作过每一所学校都比比皆是。在学校里发现有人做好事了，对他们的表现进行表扬和奖赏，这样他们可能会继续做好事，而其他人也会效仿。

对于一些教育工作者来说，赞赏可能是件很难的事情。有时，我们会担心忽视了谁，会使他疑惑为什么自己没有受到认可。有些教育工作者说他们就是太忙了，没有时间赞赏那些在课堂或在学校里做得好的人。还有一些教育工作者害怕表扬会使被表扬的人感到尴尬。尽管有这些理由，但我们认为，只要做得恰当，人们从来都不嫌表扬赞赏太多。当表扬学生和老师的时候，我们要遵循5个原则，这样才可以使表扬起到积极的作用。赞赏必须：（1）真实，（2）具体，（3）及时，（4）简洁，（5）私下。这五个原则适用于老师表扬学生、学校中层表扬老师、老师之间互相表扬。同样，也适用于我们在之前提到的诸如优秀学生推荐和教职工大会上的“为同事喝彩”等建议。

最为重要的是表扬一定要真实。我们必须认可真人真事。给予有误的表扬会适得其反。为了确保表扬真实，表扬最好要具体。与其表扬乔伊工作做得好或琼斯女士课教得好，不如表扬他们工作出众的具体表现。此外，我们表扬得越及时，对于强化这种行为的效果就越好。

建议表扬要简洁，意思是指在表扬之后，我们要忍住说“但是”。确实，指出老师或学生需要改进的地方是正确的也是必要的，但必须要与表扬分开。教育工作者既要提供有建设性的批评，又要提供真诚的赞赏，这些反馈能帮助人们进步。但我们一定要谨慎，不要让表扬随即伴随批评而减弱了表扬的价值。最后，表扬有必要在私下进行，这样我们就不会使受到表扬的学生或老师感到尴尬。当然，有时候，我们也知道在一群人面前甚至在全校表扬某个学生或同事是正确的，但有的时候，我们必须认识到公开表扬会对我们鼓励某种做法的目的起反作用，因为有些人不喜欢接受公开表扬。

成功的学校会配备将创造良好的课堂文化和校园文化为己任的教育工作者。有些人会说这个时代学校的责任越来越多，我们太忙了，没有时间用老套的方式表扬学生和老师所做的好事。我们认为，事实恰好相反。为了使学生、老师和学校中层共同负责做好工作，我们比以往更应该表扬那些取得实实在在的成绩的人。

策略20：创建关爱文化

教职员工之间建立起良好的人际关系是我们教育工作者工作的基

础，我们之间积极、个性化和专业化的互动会为观察我们的学生树立起模范的作用。为了了解同事生活中意义重大的事情，我们一定要了解每个人的需求、利益以及特殊情况。我们一定要向他们表明我们是把他们当作一个朋友来关心的，并非当作雇员或同事。作为教育工作者，我们做的是人的工作，所以我们要表示对同事个人生活的关心。

对于教育工作者来说，一个重要的个人职业成就就是使自己的教育层次达到一个新的高度。这不仅是一项令人骄傲的个人成就，同时也是为践行我们对学生的劝诫，即学习是一项终身事业，我们永远都要努力学习更多知识。所以，学校中层应该有意识地肯定并祝贺教职员工在教育方面所取得的进步。我们在这一领域做得最多的肯定是对取得更高一级学位的老师给予表扬。几乎每一学期，我们都至少有一位老师或者管理人员获得硕士学位或博士学位。对于重返校园获取学士学位或者完成额外课程通过考试取得高级证书的辅助人员，我们也要表扬。此外，我们经常会表扬老师学习系列课程并获得证书认证，如对外英语教学（ESOL）、优质教育、阅读等。我们甚至表扬食堂工作人员等，他们通过学习课程更新了与自己相关领域的专业和营养知识。另外一种我们经常公开表彰的成就，既可以是个人成就又可以是专业成就，就是发表某类文章或者在学术会议展示论文。以上个人或职业发展方面的例子是很好的表彰机会。成功的学校中层能认识到这样的成就正是我们的核心工作——学习，而且还会在职工大会、时事通讯或者在个人记录或评价里肯定人们的成绩。

我们也建议在老师生活中的个人大事里关心他们，例如生日、结婚、生子、生病或亲人逝世这类事情。就像在第二章中“感谢上帝，今天是周一”备忘录提到的那样，校长可以给教职工发一个电子邮件，将一位庆祝生日或其他重要仪式的教职员的名字列入其中。在生日当天，送给老师小礼物和一张卡片可以对建立良好的人际关系产生积极的影响。教职员工中有人结婚或者生孩子了也要庆祝。那些秉承优良文化的学校注重私人化的工作关系，尤其是举办下班后的聚会来庆祝这些重要的个人事件。如果老师正经历失去亲人或其他的不幸，我们应该到场加以关注，尽管也许不能减轻老师的伤痛，但是我们应该尽可能参加葬礼，看望住院的教职工，寄送关切信，或者为遭受不幸的教职工提供资金或其他力所能及的帮助。在这种情况下，每一位老师都有不同的需要和不同的应对措施，我们应该尽可能尊重他们，根据不同家庭的情况不同对待。我们曾经在这样一些学校工作过，这些学校里设有基金，为需要帮助的教职工每周送饭。

在那些对学生的一生产生积极的影响的学校，一般都配备了这样一批老师，他们通过建立亲密的个人关系和工作关系来对彼此的生活产生积极的影响。作为教育工作者，我们从事的事业需要关爱。在校内我们必须形成一种关爱文化，使关心学生、关心他人成为一种风尚。

策略21：使用人性化措辞，发挥积极影响力

我们每天在学校对学生、与同事之间讲的话会对他们产生非常积极或消极的影响。这看起来是一件小事，但可以在一学年期间不断地使用。例如在学校彼此交流的时候使用礼貌用语有利于建立良好的人际关系，更有可能使得老师教学水平提高，学生成绩进步。当我们要求或者指导他人完成某项任务，鼓励他人推行改革计划或者讨论学校及其愿景时，我们选择的用语会影响到别人如何看待我们和我们的学校。言语是强有力的。当学校中层与学生、学生的父母或者彼此打交道时，选择用语一定要谨慎小心。

举一个例子，建立良好人际关系的一个小而有效的方法就是措辞恰当，包括在我们与学校利益相关者交流的时候要尽可能经常使用人性化的简单用词，如（1）请，（2）谢谢，（3）我们，（4）我们的，（5）对不起。在那些配备了有所作为的老师和中层的成功的学校里，老师和中层会经常地、真心实意地使用这些词语。说“请”和“谢谢”毫不费力。经常地、真心实意地使用这些礼貌用语肯定会有所收获。模范教育工作者能意识到使用这些礼貌用语不会花费什么力气，却有助于巩固关系。因此，我们要求管理员、秘书和其他人做任何事情，都一定要礼貌地说“请”和“谢谢”。无论是面对面交谈还是书面交流，模范教育工作者在请求或者下指令时会谨慎地使用这些用语。

与跟学校里的成人打交道使用这些用语一样，与我们教的学生打交道时使用这些用语同样重要。与学生交流的时候使用“请”和“谢谢”这样的礼貌用语，不仅会让学生更有可能努力学习，而且会在对待他人方面给学生树立起很好的榜样。将这些简单有力的词语用于我们日常用语中的机会是很多的。在教室里，我们不说“约翰，别说话”，而说“约翰，请不要说话，谢谢”，这样约翰更可能会听从你的命令。每天对于教育工作者来说有无数的机会使用这些礼貌用语来巩固与学生和同事之间的关系。请多说一些“请”，多说一些“谢谢”。与你进行交流的人会注意到这些，并且会欣赏这一做法，他们也同样会礼貌待你。坚持以尊严和尊重待人是互相感染的，而且绝对没有副作用。

另外两个教育工作者可以用在日常用语中的，虽然微小但重要的词语就是“我们”和“我们的”。我们经常遇见有的校长习惯说“我的学校”“我的足球教练”，或者说“我实施了个计划”“我今年又取得了‘年度进步’奖”。类似这样的例子，如果在代词使用上把整个学校包括进去将会给这个学校传递一个强有力的信息，即成绩的取得和决议的达成不是个人而是集体努力的结果。通过使用这种包含性质的词语，我们不仅表达得更准确（难道真的是“我的”学校？），我们也在为听我们讲话的人做出榜样：我们学校是团结合作、同僚平等的群体，每一个利益相关者都在为达到我们共同的目标而努力。学校中层不应该说“我对八年级联考中的数学成绩感到失望”，而应该说“我们需要仔细研究一下我们的数学考试结果，看看在哪些方面我们可以共同努力，提高成绩”。这样会减少责备的感觉，更有可能让人感到“只要我们共同努力，成绩就会提高”。

出于某种原因，我们接触到的很多教育工作者在与他人尤其是学生及其家长交流时很难加上我们所认为很有力的用词——“对不起”。托德详细阐述了这一强力短语的有效性，尤其是与那些对于校内情况感到失望的学生家长打交道时。无论是什么具体情况，无论何时，家长、学生或者老师对校内发生的事情感到失望，杰出的教育工作者总会第一时间回复：“我对所发生的事件感到抱歉。”这是缓和局势并与这些人建立良好人际关系的最快办法。通过对所发生的事件表示歉意并不是我们承认做错了或者接受指责，只是对所发生的事感到遗憾，因为这件事使老师、学生或者家长感到失望。有的时候，如果真的犯了错，我们要采取措施改正错误。有的时候，我们只需要聆听，并重申我们对所发生的事情感到很抱歉。虽然我们经常会遇到麻烦的家长，但重要的是让学生知道当他们出现问题时我们会对此感到很抱歉。从人的本性上来讲，大多数人都是宽容的。当我们犯错时，说一句“对不起”，表示真心想弥补过错，这通常会解决问题，还能修补与受伤害一方的关系。即便我们没有犯错误，也可以对一个失望的人说一句“我对所发生的事感到很抱歉”，这有助于缓和局势，避免损害学校里人们之间的关系。

当张贴招聘广告的时候，几乎所有的机构，包括教育机构，都会列出“良好的口头和书面沟通能力”作为成功的核心要素。然而，在学校当我们与学生、家长和老师沟通的时候，我们通常会忽略日常语言的力量。在交流过程中加上带有尊严和尊重意味的简单用语，在实际上会对所有学校的利益相关者之间的关系产生深刻、积极的影响。

策略22：尊重学校里的每一个人

我们需要考虑的有关人际关系的另一方面就是修复由于种种原因受损的关系。在各种机构中，建立和维护良好的人际关系或许是领导们最为重要的责任。为了一个共同的目标人们一起工作，如果没有牢固的人际关系，这个团体不可能获得最大的成功。因此，我们先从这样一个前提开始：好学校里的教育工作者每天都要带着尊严和尊重对待学校里的每个人。在这个重要的方面即便我们做到了90%，其他人也可能记住我们无意间失败的10%，而不是记住我们许多次做到了90%。关系一旦受损，就再也不会和以前一样。与此同时，在我们生活的世界，就连最优秀的人都会在接人待物方面犯错误。在长达一年的时间，关系受损的情况极有可能会出现。虽然我们努力避免这样的事情发生，但有时就是会发生。当它发生的时候，模范教育工作者会努力化解冲突，修复关系。当老师与家长、老师与学生、校长与老师、老师与老师之间的关系由于某种原因变得紧张起来，模范教育工作者会尽可能修补这些关系。

正如我们之前提到的，模范教育工作者修补关系的方法之一就是，当与我们交往的人失望的时候，说一句“对于所发生的事情我感到很抱歉”。然而，一种更积极主动的修补关系的方式就是在关系受损之前，做些常规的小事来改善关系。好老师会这样做：开始上课的时候，他们会先对前一天没有讲清某个概念而道歉。他们可能真的没有讲解清楚，也可能不是，但是好老师想让学生知道他们对自己要求严格，如果他们感觉自己没有做到最好，就会很难过。当校长最近没有像以往那样参观课堂，模范校长就会在职工大会上向老师们道歉。老师们可能会觉得自己的校长经常参观课堂，但是模范校长们认为对于老师和学生来说，他们参观的次数应该越多越好，所以当他们觉得没有达到自己的要求时，他们就会道歉。模范老师和中层会积极主动地修补关系，会打电话告诉经常调皮捣蛋的学生的家长，他们的孩子做了好事或者某天在校表现很好。教育工作者进行所谓的“及时修复”的次数越多，他们会发现关系真正受损的情况就会越少。当关系真的受到损害，修补会花费更多的精力，与在潜在问题发生之前就解决相比，这样做效果更差。

模范学校中层会努力维护与学生、家长、老师之间的关系，很少会遇到关系受损的情况。如果偶尔出现，他们就会立即行动，果断地修补关系。他们通常会通过仔细聆听，或者说“对于所发生的我感到很抱歉”来开始修补的过程。为什么模范中层做得很自然，而普通中层会觉得很难做到呢？我们发现，在多数情况下，普通中层在修补关系过程中缺乏自信，特别是他们缺乏道歉的能力。模范中层人员能给同事和学生的最重要的礼物就是自信。对于自己的能力感到自信的教育工作者不会让骄傲和自我成为他们获得核心事业成功（学生的学习）的阻碍。这样的教育工作者会经常有意识地修补关系，既积极主动，又能在关系受到某种程度损害的情况下良好应对。

小结：在学生、老师和家长之间建立平等合作的人际关系

正如这本书开头讲的那样，教学、学习、引导、影响的四个方面是沟通、观察、人际关系和期望，这四个方面最终会对学校的氛围、文化、教师的士气和学生的成绩产生影响。前三个方面我们认为最为重要，会渗透到学校的方方面面。坚持给学生的生活、彼此的生活和学校带来影响的教育工作者就必须做出计划，在这些核心工作的方方面面做到最好。虽然大多数人认同有意识地培养、建设和维护学校内良好的工作和个人关系会促进整体全面的成功，但他们并不总能确保良好关系持续不断。学校中层要想积极地影响自己所在的学校，就必须有策略有目的地参加一些活动，使他们在学生、老师和家长之间建立和维护平等合作的人际关系。

在本章前一部分我们的目的仅仅是给教育工作者提供一些简单、

具体的策略，这些策略用以在校内有效持续地建立良好的、个性化、专业化的人际关系。实现这一目的的其他机会无论是从范围上还是规模上来说都有无限多。在当今的学校里，几乎所有的学校中层都认同校内关系的质量在很大程度上决定了学校在学生成绩和老师教学水平方面是否成功。

牢固的人际关系以很多特征为基础，但是以我们的经验来看，最重要的特征就是信任。本章介绍了在学校建立人际关系的重要性，在这一章结束以前，我们想仔细探讨一下信任的问题。高度的信任会滋养出健康、良好的人际关系；相反，在信任度低的学校，人际关系会被损害，最终损害的是学生的学习。以我们的经验来看，要建立良好的人际关系和高效的队伍，或许没有比信任更为重要的要素了。然而，在所有利益相关者之间建立互信的关系确实不易，而这在那些利益相关者之间有高度信任的学校里似乎并非如此。而且对于任何一个想努力影响学校的教育工作者来说，这一要素至关重要，应成为其最重要的核心价值。西布林和布莱克的研究表明，在不断进步的学校里，成人之间的信任和合作保持在高水平上，老师关心学生，学生也能应对更大的学习挑战；相反，那些业绩欠佳或者业绩平平的学校里的老师更可能表示他们彼此不信任。既然信任在建立人际关系方面起着重要的作用，而人际关系对于学校的成功又至关重要，因此仔细地研究究竟是什么构成信任就很有必要了。

在互信关系中有很多构成的要素，克安能-莫兰和霍伊确定了衡量信任的五个要素：

（1）仁爱——人们在一起工作，心里想着对方的核心利益，并且保护这些利益。

（2）可靠——人们在一起工作，可以互相信赖，共渡难关。

（3）能力——人们在一起工作，要相信对方有能力完成他们的职位所要求的任务。

（4）诚实——人们在一起工作，能够相信彼此能真实地、正直地反映实际情况。

（5）开放——人们在一起工作，可以慷慨地共享信息。

那些配备了仁爱、可靠、有能力、诚实、开放的教育工作者的学校，更有可能建立起良好的工作关系，具备高度信任的特征，于是生产率和业绩都得到了提高。最近，伦乔尼在各种组织中帮助上百个团队建立起了成员之间的信任。通过这项工作，伦乔尼总结出了关于建立信任的四点：

（1）信任是团队协作的基础。

（2）在一个团队里，信任具有脆弱性，对于大多数人来说是不容易做到的。

（3）建立信任需要时间，但是其过程可以加快。

（4）就像一段圆满的婚姻一样，团队中的信任不是建立起来就完成了的工作，而是需要一直不断地维护。

当然，上述四点是彼此关联的。例如，信任具有脆弱性，如果我们的努力失败了，依然要鼓励尝试，从而加速信任的建立。伦乔尼相信与他人建立良好的人际关系是团队合作的基础，这对教育工作者来说具有丰富的内涵意义，而他们中几乎所有人都在各种各样的团队里工作。在团队里，为了有效地履行领导者的责任，首先我们必须表现出对每个人的需求、利益和特殊情况的了解。我们必须表明我们了解每一个人的需求、利益以及特殊情况。我们必须表示我们把他们当作个体的人来关心他们，而不仅仅当作同事、学生或者家长。模范教育工作者能认识到我们的职业是以人为本的职业，他们最先关注的是人，而工作排在第二位。

在学校里，很多因素会影响到人际关系的现状。但是我们赞同伦乔尼、莫兰与霍伊的看法：在一个组织内，团队之间和个人之间建立牢固关系的基础是信任。伦乔尼强调了信任的重要性，认为信任是一个组织机构成功的关键。布莱克和施耐德专门考察了学校里信任与学生成绩之间的关系，发现信任程度与学生的学习情况有关。他们还发现在工作人员信任度高的学校，其环境更有利于开展活动，开展影响学校进步的必要改革。我们坚信建立牢固的人际关系是学校成功的基石，而建立信任又是建立人际关系的基础。当然，通过建立信任来构建良好的人际关系并不像听起来那么容易，有很多困难等待着我们去解决。我们必须为了这一重要方面的成功而理性地制订计划。

在学校里阻碍建立和维护信任的障碍有很多。频繁更换学校领导、老师流动、自上而下的决策方式、无效沟通以及贯彻执行不力只是教育工作者在学校建立和维护良好、互信的人际关系面临的一部分阻碍。然而，模范教育工作者不能只是关注这些阻碍，而要意识到建立良好人际关系的紧迫性和重要性，因为这可以促使他们采取措施克服阻碍，走向成功。在本章前一部分，我们提供了几个我们自己曾经使用过的，也发现其他教育工作使用过的具体方略，用以成功履行建立人际关系的职责。我们接触到的每位校长和老师在他们自己的“诀窍锦囊”里都有很多同样奏效的点子。以我们的经验来看，我们发现成功的教育工作者会坚持始终如一的方法来使用这些策略，他们不是依靠随意的善举，而是依靠计划的、协调的、全面的理念体系，而这一体系是专为维护稳固的人际关系设计的，可以帮助学校度过紧张、欢庆、挑战和变革的时光。

作为教育工作者，我们日复一日履行职责所展现的行为举止要比我们“诀窍锦囊”里的策略重要得多。虽然校内每一段人际关系对于学校的成功都很重要，但是我们发现成功起源于校长、中层与老师同心协力培养起的牢固关系。一般来说，如果这种关系牢固，就会产生涓滴效应，影响这所学校。这样一来，老师与学生的关系也会改善。由于有了师生之间牢固的关系，那么家长与老师之间的关系也会得到巩固。

思考下列能建立良好、互信关系的方法列表。首先，从行政管理人员—老师角度来思考，我们认为这些方法对于建立行政管理人员与老师之间的互信是十分重要的。其次，从老师—学生角度或老师—家长的角度来思考，我们再次发现这些关键要素对成功十分重要。下列是建立信任的十大方法，用以在学校利益相关者之间建立有效的关系。尽管我们每个人对于建立关系有自己喜好的方法，甚至是小招数，但是无论这些方法有多么好，下面这些日常行为举止都不可能被它们取而代之。

（1）在位

（2）关心他人

（3）提供资源

（4）经常沟通

（5）让他人参与

（6）庆祝成功

（7）尊重多样性和不同意见

（8）支持改革

（9）解决表现不佳的问题

（10）表现个人的正直

从上述提到的角度重新考虑这些简单的词组，想想应该如何针对学生、老师、家长运用这些方法。那些每天都遵循这些行为举止的学校中层都是建立人际关系，培养与人交往的互信意识的高手。不仅如此，杰出的教育工作者在这些方面的成功是具有感染效应的，对学校里的其他人产生影响，会营造出一种氛围，每个人都为建立校园的关爱文化这件大事出一份力。

作为学校中层，人际关系在我们生活中是十分重要的，也是影响学校成功的四大核心因素之一。总体来说，学校中层必须制定始终如一的策略，来强化校内利益相关者之间的关系。然而，比策略更重要的是上面提到的日常行为举止，从长远来看，日常行为举止可以确保互信，以巩固对于学校成功十分重要的关系。在学年伊始，模范中层会向老师阐明人际关系的核心价值，共同努力，互相提醒，制订战略性行动计划，以便在学年内实现这一价值，保证与他们共事的所有人员取得最佳的业绩。

早些年刚执教的时候，我们也当过篮球教练。我们经常对运动员们引用这么一句话，“无论你认为你能还是不能，都是对的”。有很多次，我们的运动员表现得与自己和教练期望的一样好。那些认为他们能赢、会赢的运动队一般都赢了，甚至是当他们在身高和技能方面都不占优势的时候。这样的运动队无论遇到什么挑战，他们都下决心要赢。在学校里，我们也看到了类似的现象。这样的学校一般都会赢：其教育工作者希望学生成才，并不断清晰地将期望告诉学生和家长。我们对学生、家长和其他人的期望会影响他们的表现。

最近，我们中的一位参加了女儿的高中入学情况介绍会，他的女儿再过几个月就要上高中了。每一位上讲台的老师和中层人员都对即将升入九年级的学生和他们的家长传达了同样的信息：高中的课程是非常难的，与初中截然不同。似乎在说即便孩子是天才，在初中各科全拿A，仍然应该小心谨慎，在高中不要让孩子选优等生课程和跳级课程。有个老师甚至列举了一些数据，现在学校里九年级学生一共有500名学生，第一学期过后只有18名学生各科全拿A。虽然这可能不是介绍会的预期效果，但是学生和家长在会后都害怕选上高中最难学的课程了。但是，我们也参观了同样规模和类似生源的高中，而这些学校则是鼓励学生寻找最严格的适合自己的课程，让学生和家长知道选择难学课程的好处，向他们保证老师会尽自己所能帮助感兴趣的学生取得高水平的学业成绩。

高期望会带来高水平的学业成绩

在与全国各个层次的教育工作者工作过后，我们仍要强调成功的最高要求：教育工作者必须明确地建立起对学生的最高期望，然后开始与学生建立良好的关系，使得他们愿意达到我们对他们的期望。也许没有什么比我们对学生寄予期望，并严格、公平、持续地监督和坚持这些期望更能影响他们的学习成绩和行为表现了。所以说，学校的教育工作者必须有意识地对学生做出清晰、实际的高要求。此外，我们要和家长一起负起责任，行动起来，确保学生愿意，并且能够达到我们的要求。那些能够专注且善于设立期望的教师会认识到期望的多个方面，且能系统地、始终如一地制订目标计划，以便完成期望的各达情感的语气”方面的差异，马尔扎诺建议老师检查一下我们是否以如下的方式对待自己低期望的学生：

- 较少的目光接触
- 较少微笑
- 较少的身体接触或者很少保持亲近
- 轻松愉快的谈话较少

事实上，没有一位我们认识的老师是有意识地在做上述事情，或者故意搞差别对待。然而我们必须确保自己不会不经意地向学生显示出对他们的关注比对优等生的关注少。至于交流的质量，马尔扎诺建议我们从4个方面检验自己是否差别对待低期望学生：

- 上课提问的次数较少
- 提问较简单的问题
- 没有深刻探究学生的答案
- 对于他们不太严谨的回答依然表示赞赏

表现出上述特征的老师可能没有恶意。事实上，情况正好相反，他们觉得这么做是在帮助低期望学生摆脱困境。但是，教育工作者对所有学生寄予高期望是十分重要的。从老师那里学到较少的东西会给学生传递严重的负面信息。

关于预期，布莱克本也提出通过3种方式可以向学生传递老师的高预期：(1) 通过老师的语言，(2) 通过老师的行为，(3) 通过老师对每个同事的期望。我们与学生交流所使用的语言能明显地反映出我们的信心。当学生听见我们找借口，或者说我们做不了某件事，他们就会跟我们学。更重要的是，我们的行为必须表明我们希望所有的学生都好好学习。通过呼吁和要求所有学生展示自己对课程内容的理解，我们通过行动来向学生传达我们对他们的期望。最后，我们必须营造一种课堂文化，在这种文化中，学生都期望彼此学习、参与活动、守规矩。我们树立榜样，学生彼此间就会加强主动学习，规范行为。令人遗憾的是，我们学生中有太多的人只是原地踏步，对自己完全没有期待。老师和学校中层可以通过他们的语言（包括表达情感的语气）和行为举止（包括交流的质量）帮助学生树立起对自己的期望。这或许是我们能给学生的最好的礼物。

很多其他研究调查表明：期望会影响学校的结果。埃德蒙兹认为，对学生有较高的期望，同时为实现这些期望提供必要的支持，这样的学校成功的可能性比较大。布鲁克、野村和科恩发现，高期望和重视学生参与的校园文化会降低未成年人酗酒和使用毒品的风险。对学生高期望以及提供相应的支持是降低学生辍学率，提高升学率的非常重要的因素。拉特等人发现，成功学校里教育工作者的高期望有利于培养学生的自尊心和自我效能感。布洛菲在他1983年关于教师期望的研究中将学生表现中5%到10%的方差归因于老师对学生期望不同而导致的区别对待。仅这一项估测就足以说明我们必须有目的地检验我们对学生的期望以及我们根据这些期望所采取的一些做法。

老师的期望是会自我实现的。一个人信心的力量可能成为另外一个人的动力，使他也开始相信自己。尽管智力水平显然会影响到学生的学习成绩，但我们相信刻苦努力是决定学习成绩的更重要的因素。绝大多数的老师都认为他们自己的成功是努力换来的。作为教育工作者，我们一定要不断向学生传达这样的信息：期望他们靠刻苦努力取得更好的成绩，而不是只靠天资。当然，如果觉得对学生高期望就是成功的全部，这未免愚蠢了些。在这方面我们不能只说空话，把这个信念当作表明、强化、塑造行为举止的跳板来采取行动，让我们所有学生都能够，也会按照高标准来学习。如果教育工作者都真正致力于创建一个对所有学生都有高期望的学校，那么就十分有必要营造一种学习氛围，在这种氛围下老师、学生、家长和学校中层将会共同协作，向每一位学生传达以下三条重要的信息：（1）我们做的工作很重要；（2）你能做到；（3）我们不会放弃你。

策略23：举办创意入职活动，向新教师传达期望

新教师入职活动什么时候开始？很多教育工作者认为最好是在学生返校开学之前，新老师入职介绍的第一天。然而，我们认为入职活

动应该在面试过程中就开始。一旦面试团队发现他们正在与有可能被雇佣的候选人交谈，就应该有意识地问一些问题，为以后他们在学校里的工作做铺垫。例如，如果学校正考虑实施一个计划，让老师可以定期观察同事的教学，面试官中的学校中层或许应该问“你对观察其他老师的教学有什么想法？对于别人观察你呢？”显然，如果这位未来的老师想要得到这份工作，他或她很可能会顺势回答说这是非常好的想法，而我们问这个问题的目的是为我们校园文化的重要方面——期望——做铺垫。通过有意识地提问，让候选人在面试过程中了解我们对待学生、对待彼此的态度，这是非常重要的。

一旦我们雇佣了新老师，正式的入职过程就真正开始了。我们曾成功使用过的方法是，将表达我们的期望作为入职仪式的一部分，我们称之为“渐进式午餐”。

在“渐进式午餐”中，我们要求一组返校的学校中层策划一个时长为两小时的入职活动，活动中要概述学校对老师、学生和家长的期望。尽管这个活动有很多的组织方式，但是我们通常是四个以上的返校老师为一组自愿组织这场活动。新教师会走访四个教室，每个教室30分钟，在享受午餐的同时了解学校某个方面的情况和期望。在第一间教室里，新教师会品尝某种开胃菜，同时了解学校对老师之间合作的期望。短暂休息后，新教师到第二个教室品尝沙拉，在那里了解学校对学生行为举止的期望。然后再到最后两间教室，在一间品尝主菜，在另外一间品尝甜品和咖啡，同时也了解学校的期望。这一过程新教师可以与返校的老教师相互交流，愉快地共享午餐。此外，我们会要求这四位返校教师将教室重新布置装饰一下。这样，在新教师走访这四间教室的时候，会发现外观的布置可以创造出诱人的学习环境，同时也微妙地传递着我们的希望，要建设让学生兴奋和心动的教室。

学校组织渐进式午餐可以选择无数种内容和无数种走动的方式。但不管如何组织，这项活动应该是有趣、有创意的，可以向新教师这个学校的重要群体传递期望。

策略24：对所有老师都充满期待

另外一个我们要尽快传递给新教师的信息是在学校里我们没有等级秩序，老教师不会只因为在学校资格老就获得某种特权。在第一次面试的时候，这一信息就要传达给新教师，让他们明白我们希望他们在教学的各个方面都有自己的贡献。在面试过程中我们通常通过这个问题传达我们的期望："在我们学校，我们不希望新教师在被雇佣之后就变得和老教师一样。相反，我们想雇佣的是特别出色的，让全校老师都在某个方面向他学习的新人。你认为自己在哪方面尤其出色，可以让我们全校的老师都向你学习呢？"这个问题可以传递一种强烈的信息：我们希望新教师可以表达他们的看法，分享自己的专业知识，以对学校产生直接的影响。

我们嘉奖老师是因为其优秀，而不是因为其资格老。当然，我们很多最优秀的教师都是老教师，我们也希望他们能在各方面指导新教师。但与此同时，我们也意识到在我们曾经工作过的每一所学校在董事会里总有一名或几名教师常年坚守自己的职位，并且相信只要他们长期坚守职位就能获得只带最优秀学生的权利，而不负责学生们的课外活动。幸好与前几年相比，这种为自己赋权的态度现在并不普遍，因为教育工作者意识到这样会使有能力以多种方式为学校做贡献的新老师受委屈，新老师的声音应该得到聆听。同时，这也会冒犯那些仍然在为学校效力，还想尽可能为学校的利益多学习多工作的老教师。尽管通过正式或非正式的入职活动来帮助在学校各个方面展现新姿态的教师很重要，但同样重要的是我们向新教师传递这样一个明确的信息：我们期望他们能尽快学习，尽早冲锋陷阵。

让新老师知道无等级差别是我们校园文化的一部分，这传达了一种强有力的信息，即我们对所有老师都充满期待。这一点无论新老教师都表示欣赏。

策略25：清晰明确地向学生表达期望

我们为老师设立、传达和坚持明确的期望是极其重要的，这对学生来说也同样重要。在每学年开始的时候，所有的教育工作者必须明确地向学生表示他们对学生成绩有着非常具体的高期望。在学年开始的第一天就开始做这件事是十分重要的。如果事情完成的效果好，教育工作者可以把本学年余下的179天用来与学生建立良好的师生关系，这样学生也真正想实现老师为自己设定的目标。在这方面成功的关键是在开学之初每一位教育工作者必须以坚定、公正且一致的方法表达这些为学生设立的期望。

我们必须设立学校层面的期望和班级层面的期望。所有的教育工作者必须每年召开会议为学生的行为举止和学生工作设立全校范围的目标。学校中层不能允许个别老师在实施目标时偷工减料。例如，全校希望所有学生要准时到校。每个老师必须始终如一地贯彻执行。当所有老师在这方面抱有类似的期望并坚决执行时，学生会明显严格遵守这些要求。与此同时，对于老师个人来说，给每个班级设立不同的期望是非常自然且可以接受的。只要对每个班级的期望与学校的期望、使命、愿景、价值不冲突，学校就应该鼓励老师树立、传达与实施对学生学业和行为举止的期望。

虽然为学生设定的许多期望都与他们的行为相关，但是为学生的作业设定期望也是同样重要的。在这个方面，没有什么方式比上文描述的三个关键信息更可以表达我们的期望了：(1)布置的作业非常重要；(2)你能做到；(3)我们不会放弃你。任何成功学校的校园文化总少不了对学生作业的关注。以上三条必须首先认真做到。如果我们相信作业是极其重要的，就要避免布置繁重的作业，不能为了布置作业而布置。每次我们要求同学们完成的作业应该有助于学生掌握与课程相关的知识或技能。我们也应该通过语言、行动向同学们传达这样的信息：我们布置的作业是每一位同学都可以做好的。到如今，我们知道孩子们不是以同样的速度和方法学习的，但是只要学生在我们学校里，我们就要给他们对自身能力的自信，让他们相信自己对于布置的作业是能很好地完成的。

最后，我们知道很多学生在学习某些内容时很吃力。我们必须重申这不要紧，我们就是来帮助学生的。帮助他们的一种方法是进行学校范围的干预，例如对于需要额外帮助的学生进行课外辅导。另一种方法是我们通过与学生家长交流，让他们了解孩子的现状是怎样的，下一步应该往哪走，我们一起怎么走。表现出色的学校在这方面也很成功，这些学校创造出让学生主动完成所有作业的校园文化，他们积极行动的一个例子将在下面讲解。

策略26：“无零分”策略——相信每位学生都能完成作业

几乎每一位我们认识的老师，从幼儿园起一直到12年级，都在为使每一位学生完成布置的每一项作业而做出努力。在我们参观过的每一所学校，“零分”都是很有争议的话题，更重要的是，它是阻碍学生成功的绊脚石。在美国，每所学校都有学生有时候不交作业，这很普遍。但不同的是，作为教育工作者，我们在面对学生不交作业的时候如何处理。就零分而言，教育工作者的期望值在很大程度上体现为给了多少个零分。简单来说，我们相信对不完成作业的学生最恰当的处理方式是坚持让他们完成作业，无论是在家里完成，还是在午餐时间，还是下课留堂，还是周六上课完成，这取决于不同学校老师的做法。然而，全校每一位教育工作者都应该期待和坚持让每一位学生都完成作业，这是绝对必要的。

在我们参观的几所成功制定了“无零分”策略的学校里，老师、中层和家长共同努力实施了“无零分”策略，即不允许零分出现。尽管每个学校的方案各不相同，但是当老师轮流进行课前课后“无零分”辅导时，我们发现这种做法很有效。“无零分”活动让课堂上没有交作业的学生参与并完成未交的作业。通常来讲，如果学校老师自愿负责几次“无零分”活动，那么学校可以在每学年中的每一周都安排一天或几天的补作业时间。当家长了解到各年级孩子科目不及格的主要原因是作业得零分时，他们会非常支持这个项目，并保证孩子能按时参加这样课前或课后的活动。

当然，如果我们希望所有的学生都完成每一项布置的作业，我们也要检验我们在布置课堂和课后作业时采用的方法。家长和学生应该期待我们只布置有意义的、能帮助他们掌握知识的作业。让每一位同学完成并上交每一次作业并非那么容易，但套用迈克尔·弗兰一句老话，这是我们作为教育工作者的道德要求。没有哪件值得做的事情是容易完成的，但如果每位老师和中层都始终如一地坚守这样的期望，即每一次作业都是有意义而且必须完成的，那么随着时间的推移，所有学生都应该交作业的理念会深深渗透到校园文化之中。当学生开始意识到作业早晚都要写、都要交，他们最终会意识到还是趁早把作业交了更好。

对于老师或学生来说，给零分或者得到零分是很容易的。但是我们发现给零分没有得到预期的效果，因为经常得到零分的学生不会因为又多一次零分而受到激励。相反，优秀学生代表和其他平时表现出色的学生才会被零分激励。可毫不奇怪的是，通常这样的学生是不会得零分的。因此，对于教育工作者来说，激励学生完成作业的最好的方法是树立和强化学校层面的一系列期望，即布置的作业必须完成，每一个学生都必须负责完成作业，而不是负责得零分。要求和坚持“无零分”策略是成功的学校影响学生学习的重要途径。

策略27：让传递爱心成为校园文化的一部分

之前我们提到过作为校长，托德的目标之一就是营造一种“关心很酷”的校园文化。作为校长，杰夫强调作为校园文化的一部分，学生和教工每天都要完成的三个首要任务就是：努力学习或工作，过得开心，友好地对待每一个人。在学校面临所有这些要求的今天，教育工作者越来越有必要掌握大量专业知识和专门技术来满足所有学生的需求。然而，如果我们不擅长教育的艺术，那么教育的科学就毫无价值。营造一种校园文化，让老师与学生互相关心，每天努力工作、认真学习，每天开开心心，与人为善；这虽然不是艰深的科学，然而要做到持之以恒，贯穿始终，与详细的教学计划一样无微不至也绝非易事。

多年来，我们亲眼见证了学校里努力工作和心情愉快共存的状况。那些最开心的老师也是工作最努力的。除了教学任务外，这些老师通常会主办或参加学校的课外活动，投入在观看他们自己指导或没指导过的戏剧表演、运动、合唱或者社团活动中。学生们会注意到老师出席了这些活动，并且会更加努力，为支持他们的学校和老师好好表现。我们也发现在其乐融融的教室里，学生会更加努力地学习，在这里乐趣与学习相互交融。我们最优秀的老师通过具有创造性的、亲力亲为的教学与充满热情、诙谐幽默的教学风格使学习变得有趣。学生在这样生动有趣的课堂里学习要比在循规蹈矩、鸦雀无声的作业课堂里更加努力学习。虽然努力学习和心情愉悦是我们在校工作的核心，但是我们也决不能小看在校园里和学校社区里关爱他人、与人为善的重要性。我们认为学校在校园文化这个方面取得成功的一种方式就是在学生和成人之间树立“将爱传出去”的友好期望。

与广受喜爱的电影《让爱传出去》同名，这个“让爱传出去”的想法就是要告诉大家做好事是有价值的，并期待大家做好事。相反，学校领导要求学校里接受善举、友好表示或珍贵礼物的学生和成年人不是回报给予帮助的人，而是以同样的方式将爱传递给第三方。如果一名老师从校长那得到肯定，相应地，老师会为一个学生写一份良好纪律推荐书。一位六年级的学生得到八年级学生导师的帮助后，会在自己班级里找到他要帮助的人或者伸出援手帮助一位五年级的学生。这样的活动有无数种可能性，而且一点儿都不需要正式的程序或者文书。通常来讲，它需要教师和学校中层将这种做法公布，使之成为学校价值体系中的一部分，并且要经常通过通告、时事通讯来提醒学生，也提醒自己。当然，也可以通过定期嘉奖那些施善的学生和老师来提醒大家这种校园文化。

在假期，学生和老师共同发起了“圣诞节随手行善”活动，这使我们在假期也感受到了类似的爱心传递。在这所学校，每个老师和学生都得到一张讲解这个项目的卡片。学校里的每一个人都要用匿名的方式为他人做一件好事，然后把卡片留给他，这样如果这位受到帮助的人愿意，他也可以用相同的方式再把卡片传递出去。整整一个月下来，美好的事情陆续发生。例如在餐厅老师们秘密地为彼此埋单，学生放学后为老师打扫办公室。毋庸置疑，类似“让爱传出去”和“圣诞节随手行善”的活动是不太可能直接帮助学校取得年度进步奖或帮助一个学生在标准化考试中超常发挥的，然而，期望所有学生和老师和善待他人，关心他人，就是间接地上好了人生中最为重要的示范课。我们认为这也能达到提高学生学习成绩和老师业绩的效果。

策略28：鼓励老师相互合作

到现在为止，我们参观过的几乎每一所学校在某种程度上都在强调专业合作的概念，这可以提高老师的教学水平，最终提高学生的学习成绩。虽然几乎每一所这样的学校都声称自己是“专业学习社群”（PLC），但是我们发现事实上几乎没有几所学校与杜福尔和艾克最先提出的“专业学习社群”概念相近。那些确实秉承“专业学习社群”原则、重视合作、重视学习、重视结果的学校几乎都可以从中大获裨益，无论是学习成绩还是教学水平。自称是“专业学习社群”的学校和名副其实的学校之间的差异主要在于学校中层所抱的期望。如果中层希望所有的老师共同合作，他就会定期安排会议，以便目标能取得进展。

在那些把教职员工有效地转化为专业学习社群的学校的首要任务就是回答杜福尔和艾克提出的关键问题：我们希望学生学到什么？那些希望学生能达到教学大纲规定的每个年级、每个科目的要求的学校，对于真正在教学生什么东西，教职员工之间会进行坦诚的交流。通常，我们发现真实的课程安排和预先设定的课程安排是完全不同的。高效的团队会根据每个年级的水平准确地决定授课内容。

另外，年级之间内容重叠的现象时有发生。学生学习的一大障碍就是专业词汇。虽然一些词语每年都会在语文和数学课里出现，如语文里“押韵”这个词和数学里“乘法”这个词，但是这些术语应该在某个年级正式教授给学生，并且学生应该掌握这些术语。有一所中学正努力成为一所真正的“专业学习社群”，学校在学习马尔扎诺和皮克林有关积累背景知识和学术词汇的著作后，决定在每个年级的教学内容里确定30个老师必教、学生必学的词汇。所以，在这所学校学习3年的学生将会学到90个学术词汇，涉及范围包括语文、数学、科学、社会学，甚至是艺术、合唱和乐队。老师称此为“墙上30词”，因为每个班级都会在班里的墙面上贴着一张海报，上面展示着这30个词。参观每一间教室，你会在相同的位置找到这些学术词汇。

然而，过去老师采用有些随意的方式教给学生学术词汇和词组，自己决定哪些词汇适合某一年级学习。直到最近才发现，每个班级学习的内容由于是老师自行决定的，所以差异很大。史密斯老师的美国文学课与楼下大厅约翰逊老师的美国文学课所教的内容完全不一样。人们越来越关注学校责任，其中一个好结果就是人们意识到这样的体系显然是不公平的。每个学生和家长都期望无论是上史密斯老师的课还是约翰逊老师的课，最后学生学到的都是一样的。学校领导应该要求所有老师团结合作，保证达成共识，严格地确定每个年级应该教授的内容。老师的风格和性格是且应该是各不相同的。正是因为老师有不同的背景、兴趣和优势，学生学习到的东西才更丰富。老师们在这些方面的差异是可预料的，应该得到鼓励。同时，我们也应该希望所有老师能共同协调，决定每个年级应该教授的内容和考试的内容。

策略29：教师职业发展会议

托德在很多场合下都强调他召开全体职工大会的主要目的是让老师在会议结束后对教学感到更加兴奋。在全体职工大会上，我们会开展两种活动来实现这个目标。一个是表彰，另一个是非常简洁的职业发展会议。

之前我们提到了在职工大会上进行表彰的几种方法。我们使用的另外一种方法，通常来说是在学生返校之前，在一学年开始的时候召开第一次职工大会，来庆祝达到期望的成功。当老师快到齐的时候，学校中层要给每一位到会的老师，包括他们自己，发一张5×7厘米大小的卡片。校长要求房间里的每一个人都要回顾上一学年的工作，写下自己如何对学生的生活产生积极的影响，仔细描述这位学生、当时的情况和结果。卡片上不需要写名字，只要匿名完成即可。如果是刚入职的老师，可以写下自己在以前那所学校取得的成绩或者教学经历。然后，校长把这些索引卡收上来，将老师们分成10组。在每组内将收上来的卡片随机发下去，让每一组里的每一个人都轮流读一读别人在索引卡里写些什么。然后每一组选择一个最喜欢的影响学生的例子，在全体职工面前朗读出来。这样每次开学都能分享10个以上这样的例子。

这对于在新学年伊始激励老师来说不失为一个有效的方法。这也是树立期望的一种微妙的方法，即作为教育工作者，我们真正的目的就是让学生在校期间能够受到积极的影响。最后，这也是职业发展的一种间接方法，因为通常老师会举例说明自己如何成功帮助不爱学习的学生，所以老师在活动中也分享了自己成功的教学方法。

另外一个我们强化对老师的期望的方法，即期望老师在职工大会上能为职业发展互相提供帮助，是分派一小组老师（或在取得第一次成功的经验以后征集志愿者）主办一学年的职工大会。分组可以以年级、学科为单位。小组每次有两个任务：（1）进行大约15-20分钟的介绍，其内容是在教学方面取得的成功；（2）为本次职工大会提供点心和饮料。

在杰夫的学校里，学校中层们主办的第一次职工大会是以棒球为主题的。他们打印门票当作会议的入场券，在开会之前放到每个老师的信箱里，然后老师凭票入场，再从重新收回的票中随机抽取幸运观众一名。他们准备了花生和爆米花作为小吃，并且配有饮料。他们戴着自己最喜欢的棒球帽，采用类似棒球九局比赛的形式，为建立和维护有效班级管理而介绍九大具体策略。以这种方式启动职工大会，从两个层次传达学校的期望，被证明是一个有效的方法。一是老师彼此之间应该互相分享在班级中使用的策略；二是通过他们的介绍可以传达学校的期望，为所有班级学生的行为举止作出示范。

在职工大会上可以使用的、以教师为首的职业发展的另一种策略就是要求每位老师入场的时候领一张索引卡，在上面写下现阶段他们在教学或管理方面遇到的具体难题。然后收回卡片再随机分发。让拿到别人卡片的老师在背面写上可能的应对措施。然后，老师之间交换卡片，最后保证每张卡片至少有三位老师写下解决方法。为了分享，挑几个老师念一下自己手中卡片上的难题和三个应对措施，这样大家可以互相分享经验。大会结束的时候，把这些卡片放在出口处的桌子上，以便老师取回自己的卡片，看看同事们出的主意。

我们经常将老师之间合作的机会限制于正式和结构性的环境里，但是利用开职工大会的时间，通过采用像上文提到的三种方法那样让老师非正式地相互合作，我们可以通过分享具体的信息和我们成功使用的实际策略来改进学校的工作。不仅如此，我们还在向老师传达一个期望，即所有老师都应该团结协作，确认所面临的难题，找到解决的办法。

策略30：重视并提升教师出勤率

所有教育工作者都需要坚持的最重要的期望之一是我们要为学生、同事坚守岗位。这可以从很多方面得以证实：我们希望老师能在课间的时候站在走廊里让同学们看见，期望每一位老师在课前课后能帮助学习有困难的学生，我们还希望老师在出勤方面能起到榜样作用。几乎所有我们参观过的学校都会公开强调和确保学生的出勤，并且会定期表彰出勤优秀的学生。在这些学校，老师经常会拿学生出勤不佳的状况来举例，作为学生或全校成绩不好的主要原因。虽然老师能很迅速地说出哪个学生一年有10天不来上课，但是我们很少公开说哪个老师一年有10多天没来上班。显然，学生出勤会影响学生的学习成绩，同样可以肯定的是，老师的出勤也会影响到学生的学习成绩。

就像大多数其他与老师行为举止有关的因素那样，我们最优秀的老师每年都是全勤或几乎全勤，然而业绩欠佳的老师出勤的情况都没有达到他们要求学生的标准。学校中层一定要将对老师出勤的要求明确地说出来。但必须承认的是，出勤是一个微妙的问题，所以毫不奇怪的是很多学校不公开出勤差的老师名单。然而，这对学生和学校的成功是很重要的，所以模范教育工作者会找各种方法阐明学校对出勤的态度，当缺勤问题出现时，才能面对出勤率差的情况。

如果任课老师缺勤，由代课老师来代课，我们应该对学生那一天的学习和行为有什么期望呢？事实的真相是：即便是更优秀的代课老师替代业绩欠佳的任课老师上课，很有可能学生依然会学到得更少，表现得更差。如果我们想让孩子们尽可能学更多的知识，表现优异，那么我们必须期望老师有良好的出勤情况。花一分钟，写下五名学校最优秀老师的名字。我们敢打赌这五位老师中的每一位的出勤记录都是十分优秀的。如果学校每一位老师都有良好的出勤情况，那么学生是否会得到更好的服务呢？我们如何来营造一种每位老师都出勤良好的校园文化呢？

当然，我们可以为每月或每年出勤良好的老师提供各种各样正式或非正式的激励措施。这可以提醒老师他们的出勤对于学生的学习成绩是很重要的，也是校园文化中值得称赞的一部分。我们也要与在这方面没有达到我们期望的老师进行开诚布公的谈话。然而没人可以掌控健康状况，总有几年，即便是最尽职的老师也会经历严重的健康问题或家庭变故，需要请较长一段时间的假。如果真是这样，我们平常出勤最棒的老师会因自己的缺勤而比我们更难过。在这样的情况下，学校中层应该意识到情况不是他们能控制的，他们不得不请假，并鼓励这些明星老师尽管根据需要请假。当缺席严重的状况值得引起注意时，模范中层不应该羞于公开，或者私下与老师讨论这件事。

在我们对老师缺勤的状况进行的调查中，我们发现在一年中缺勤10天或以上的老师一般每年都是如此。同时，这种状况表明，从某种程度来说，老师出勤与其个人选择相关，而不是因为遇到了状况。在与一段时间内出勤率较差的老师谈话的时候，我们的谈话应该首先让他们知道我们了解到他们大多数的缺勤是不可避免的，这一点很重要。然后，我们应该提醒这些老师他们有多么重要，我们相信他们是影响学生学习最重要的因素。我们应该详述事实性信息，让他们看到自己在这一段时间里缺勤的天数，或许可以和同学科或全学校老师平均缺勤次数进行对比。通常，我们会问两个问题来结束第一次这类谈话。问题一是“你是否考虑过学生会因为你的缺勤而受损”，问题二是“我们能做些什么使你的出勤情况有所好转”。再者，这些都是棘手的情况，在检查老师出勤率不够理想的情况时必须考虑一些因素。当查出老师这方面的问题时，解决问题的第一步就是进行坦诚的谈话。

当然，在面试的时候就要对老师提出对出勤的要求。应该这样描述校园文化：老师在其中努力工作，同时也享受到很多乐趣。这是一种很好的方法，可以为树立期望打下基础。面试小组要让未来的老师了解在他们的学校里老师会为自己每天因学生、同事上班而感到自豪，这非常有效。我们感觉在面试过程中真实地介绍学校情况是很重要的，这样可以使面试者考虑一下自己是否适合在这样的学校里工作。

面试最后，我们感觉与面试者分享一下关于学校成就的一些数据、学生的组成，甚至是老师的出勤情况都很重要。例如，一个面试官也许会这样告诉面试者："去年我们学校是在本系统所有学校中出勤率最高的。我们为之骄傲，因为我们认为这会对学生的成绩产生积极的影响。请你就你的职业道德和你对老师出勤对学生的成绩产生的影响谈谈你的看法。"就是以这种微妙的方式，我们使未来的老师了解我们十分重视老师的出勤率。这可能会吓跑一小部分不太敬业的老师，如果是这样的话，反而更好。另外，老师是听说这件事之后才被招聘的，日后如果他们违反学校规定而缺勤，我们可以提醒他们当时的面试谈到的内容以及他们曾经承诺每天为学生出勤。

即使我们可以不断分析现有可获得的数据，我们也相信有关老师出勤情况的数据在考察学校水平和学生成绩时总是被忽略。让老师知道他们是一学年下来影响学生学习成绩的最重要的可变因素，这为希望他们做出勤的榜样搭起了平台。如果最重要的可变因素——老师——一学年不能每天都在岗的话，我们是不会成功的。我们也要按照规则表扬和奖励那些在这些方面始终如一地坚守标准的老师。

最后，学校中层在这方面起模范作用也是很重要的。与大多数期望相同，如果我们不对自己期望做表率作用，我们就很可能达不到我们所期望的程度。老师在出勤方面必须以身作则，为学生起表率作用。学校中层也是如此。

策略31：了解老师对学生的期望

校领导可以把向全校阐明和提出期望作为起始点，然后设计一个调查表让老师们填写，目的是了解老师怎样看待对他们的学生寄予期望。很少的老师会有意识地对某些学生持有比其他学生更低的期望，但只会无恶意地或潜意识地这么做。很多我们共事过的好心的老师都会谨慎地谈到他们对不同的学生有不一样的期望。除非教育工作者明确自己对学生的期望，否则他们是不能决定前进的方向的。任何为了收集与教师期望相关数据的调查表都应该为实施调查的学校量身定做。要注意的是，像下面这样由简单和直接陈述句组成的简短调查表应该反映出教师的期待，可以以此作为出发点，与学校的教育工作者进行公开讨论：

（1）本校大多数学生有能力完成所在年级的学习目标。

（2）本校学生自始至终行为表现规范。

（3）本校学生学业水平处于全州平均水平，或高于平均水平。

（4）本校老师相信绝大多数学生能够掌握核心课程内容。

（5）我对学生的期望会影响学生的学习成绩。

（6）我对学生的期望会影响学生的在校表现。

（7）期末考试中，几乎所有我教的学生的学习成绩都处于或者高于年级平均水平。

（8）一些学生肯定考试不及格和/或达不到学习要求。

（9）我们学校的学生要比周边学校的学生表现好。

（10）我们学校的老师善于提出和表达对所有学生的期望。

（11）学校全体教师自始至终坚持学校的要求和期望，严格、公正、始终如一地贯彻落实。

上述问题仅仅作为一个参考，为那些关注教师期望的学校而设置。这些话题可以为学校所有教育工作者提供机会，就自己对学生和他人的期望展开讨论。

小结：高期望促进学生、老师和学校的成功

教学、学习、引导和影响的四个方面是沟通、观察、人际关系和期望。

其中我们认为“引导”最为重要，它贯穿学校的各个方面，最终会影响学校的风气、文化、老师的精神面貌和学生的成绩。想致力于影响学生、彼此和学校生活的教育工作者必须制订计划，在这些核心领域的每一方面做到最好。

在这四个核心要素里，我们把期望放在最后，但是从很多角度来讲，这是我们每位教育工作者在每学年开学时首先要谈到的价值观。作为教育工作者，我们许多坚持的信念和取得的成功都是以我们树立了清晰、崇高的期望为基础的，我们对于和我们共同开拓事业的人树立了这样的期望，然后与这些人建立良好的关系，以便他们会真正想达到我们的期望。如果我们没有为学生和老师设立明确的目标，也不定期回顾这些目标，那么他们很难朝着同一个目标而共同努力。他们很有可能各自为战，甚至朝着相反的方向努力，因为对彼此和自己树立的目标非常不同。

如果不能明确阐明学校的目标，那么老师们就会撤退到自己的教室里，使得学校实际上成为一个屋檐下一个个孤立的学习工作环境，而不具有统一的价值观和目标。在这种情况下，学校里有多少老师就会有多少种期望。在我们曾经参观过、工作过的好学校，所有的教育工作者会经常谈论他们的期望，就学校对学生和老师的核心要求达成一致，互相提醒共同的期望，并且在这一学年里自始至终朝着这些期望努力。

我们相信当学校中层敦促老师和学生给自己树立高期望，并督促他们遵循既定的要求时，学校才能在学生的出勤、行为举止和学习成绩方面提高自己的业绩。当家长、老师和管理者对学生抱有高期望时，学生才更有可能为自己设立更高的目标。奥斯丁发现管理者对学生和老师抱有的高期望与学生学业上的成功成正相关关系。然而，老师对学生的期望要比管理者对学生的期望更有效。老师的期望可能会自我实现。如果老师希望学生表现好、成绩好，学生就会表现好、成绩好。遗憾的是，反过来也是如此。

在我们参观过的很多学校里，我们看到老师似乎希望学生表现不好、成绩差。更糟糕的是，我们发现这些老师在潜意识里——我们但愿只是潜意识里——向他们的学生传递了这种低期望。布罗菲指出，老师的期望以周期性的方式影响学生的成绩。每次开学，老师会对学生树立不同的期望，会根据自己的不同期望对待不同的学生。反过来，如果学生知道老师对他们有某种期望，这对学生的自我观念、学习动力、行为举止和以及随着时间的推移其愿望的高度都有影响。而这些学生的行为会强化老师起初的期望。其最后结果是，高期望的学生会开发出自己的潜力；低期望学生，如果没有接受到合适的教学，可能连本可以达到的水平都没有达到。

在检验老师对学生、中层对老师的期望时，我们发现有很多在树立和表示期望上的相似点，这样可以使我们的最终目标——高水平的学习——得以达成。高效的学校会遵从以下指导原则：

（1）树立和表达期望

模范教育工作者会在每学年初做这件事。教师和学校中层会在制订教学计划的期间公开讨论这件事，大家统一设定每一个教职员工对学生的行为举止和学习成绩的具体要求。模范教育工作者也会与大家的期望达成共识。所有的教育工作者就遵循这些要求意见达成一致和获得承诺之后，成功的学校会确定很多方法，用于全学年向所有利益相关者传达学校的期望，尤其是在每学年开始的时候。

（2）不断地阐明、重申和强化期望

模范教育工作者意识到，仅仅有期望并在开学初表明期望是不足以产生影响的。他们会使用一系列方法，经常性地阐明、重申和强化在开学初大家都同意的学校的期望。他们会坚持嘉奖能完成要求甚至超额完成要求的老师和学生，也会想办法帮助那些不能达到要求的人。他们会做到公正与诚实，密切关注老师和同学们的进步。

（3）树立榜样

模范教育工作者会在有关期望方面的态度和行动上树立模范作用。他们的一举一动都与对自己的期望、学校的要求相一致。

（4）监督履行达到学校期望的承诺

模范教育工作者会仔细监督学生和老师是如何履行已经树立的期望的。老师监督学生的表现，为学生提供及时和定期的反馈。如果学校要求教学楼内不允许戴帽子，那么每一位老师都应该对此进行监督，使每位学生都能遵守学校的规定。学校中层要检查自己的行为，如有类似问题存在，要采取行动及时处理。如果学校要求每位老师在课间出现在走廊里，那么每位教育工作者都要遵守这一规定。

本章前一部分的目的是提出一些简单易懂且具体的策略，学校中层可以使用这些策略在学校内持续有效地为学生和教育工作者的行为举止、理念和学习树立、传达、示范和坚持学校的期望。模范教育工作者会在开学初阐明期望的核心价值，中层管理人员和老师会共同努力，互相提醒在此方面的重要行为举止和实践，公开坦诚地解决令人担忧的问题，策略性地制订行动方案，以便在这个学年能体现核心价值，从而确保所有同事的最佳业绩。在对学生具有高期望的学校工作的教育工作者，还需要对在楼里工作的每一位同事有高期望。

几年前，罗恩·埃德蒙兹致力于找到一些对所有学生都教育有方的学校，他想如果能找到这样的学校，那么或许其他学校也能够取得类似的成绩。事实表明埃德蒙兹是正确的，因为我们已找到了一批学校，在这些学校里有90%的学生是少数族裔，90%的学生需要获得免费午餐或者补助，然而有90%以上的学生在标准化评价中成功通过。这些学校展现了这样一个愿望：对所有的孩子进行教育，确保他们达到自己的最高水平。

就像在教育方面我们所做的所有值得的事情一样，完成这个崇高的目标并不容易，树立高期望仅仅是个开始。能在这方面有一定影响力的学校不仅仅会树立高目标，他们还会对这些目标贯彻执行，让学校里所有的教育工作者都承诺朝着期望努力，并对实现期望树立榜样。

THE 4 CORE FACTORS
FOR SCHOOL SUCCESS

Chapter
6

第六章
全神贯注成就优秀学校

KEEPING YOUR EYE
ON THE BALL

优秀教育工作者的特点是用强有力的核心原则指导其行动，以既定策略规范其行为来实现承诺。这样的教育工作者都能成长为专家，无论是身处开放的教育时代，还是在以前的传统教育时代。虽然他们在每个阶段都在学习、成长和适应，但是他们自始至终地坚持自己的核心教育价值理念，这也成就了教育工作者和他们的学生。对于我们来说，那四大核心要素分别是沟通、观察、人际关系和期望。无论教育摆钟怎么摆动，这四个要素中的每一个要素对于学校的成功都至关重要。

我们大力提倡不断检验和反思我们的各种做法，着眼于对现有有效机制进行微调，对无效机制进行改造。但是我们也同样坚信只有秉承着一套核心价值理念的、富有激情的教育工作者进行改革，改革才会成功。面对不断的变化，人们很容易分心，但是我们必须在四大学校成功的核心要素的框架下，通过不断反思如何才能采取有效措施以改善学生和老师的学习，并全神贯注地致力于学校的成功。

可以成功复制的经验

在本书中，我们在试着分享我们的核心教育价值观的同时，也介绍了具体的策略以确保在不断变化的潮流中我们仍能秉承这些原则做事。前面提到在我们早期的教育生涯中，我们两人都是篮球队教练。有点让人吃惊的是，我们发现我们在教练培训班上学到的有关培训的知识要比当老师参加教师在职培训时学习到的多得多。我们在教练培训班上聆听了一些全国最优秀的高中和大学的篮球教练与我们分享他们的经验。我们认真听讲，快速记笔记，每个教练都在讲台上分享自己对区域防守、回场打球、全场紧逼、罚球命中率和体能训练的想法。每个教练都会分享能够直接使用的方法，如果我们愿意的话，我们可以将这些方法带回学校，第二天就采用。我们经常想，老师和学校中层也应该这样做：举办培训班，让各个领域最优秀的教育工作者站在台上，分享他们学校成功的经验，明确指导其他学校应该如何实施。我们希望本书已经为学校中层提供了至少几个策略，让他们可以立即运用到学校，以提高学生的学习成绩和老师的教学水平。

我们经常会被宣称为能解决困扰全国学校问题的教育潮流而感到

热情高涨。当然，真实的情况是，这种解决方案是不存在的。相反，真正能解决我们所面临问题的正是那些能够致力于清晰交流，观察和监督什么有效、什么无效，与学生、家长和彼此都建立起良好的关系，为学校里每一位利益相关者设立明确目标的人。就像教练群体一样，我们必须辨别出那些在这四个核心方面取得突出成绩的教育工作者，在本校学习他们的方式方法，以达到积极促成学校成功的目的。

积极主动地帮助学生走向成功

一如既往地秉承核心原则做事最为有利的好处之一就是我们最大限度地增加了我们主动而不是被动教学、指引学生的时间。学生行为举止的问题就是一个很好的例子。注重通过主动行为而不是被动行为来达到我们的预期目标，这显然是有利的。当老师写给学校中层一份学生的纪律处罚表，学校中层对学生的不良行为举止给予处分时，他们都是在应对已经发生的事情。最好的结果就是学生可能吸取教训，不再犯错。然而，根据我们的经验，更有可能发生的是，日后老师还会再写纪律处罚表，表现不好的学生还会再受到处分。受到处罚的学生常常不在乎这样的处罚结果，所以这种被动应对的有效性十分有限。尽管我们坚决支持学校维护秩序，希望每位学生都保持良好的行为习惯，但是我们也意识到了处罚表现不好的学生效果甚微。当然，有时候我们别无选择。对表现不好的学生来说，处罚无疑是恰当的做法。

然而，对于大多数想要成功，大多数情况下表现良好的学生来说，通过采取积极主动的方式促使他们行为端正才会更有效。

在开学树立对学生行为明确的期望，然后在以后的日子里与学生、家长建立起良好的关系，这样一来，我们的模范教育工作者会激励孩子们主动遵守规则。然后，我们要采取下一步行动，观察他们的表现，并将他们的在校表现告诉家长，这是我们又一次主动的做法。这与被动防范、事后处理相比更有可能鼓励学生继续保持良好的行为规范。

虽然我们只引用了学生行为举止的例子来解释我们的观点，但这同样适用于学生的学习。那些能使学习困难的学生达到学习标准的学校会在每年开始的时候积极主动地采取措施，明确每位学生的学习需求，并且根据需求制定方法，而不是一整个学期都在等待应对没有改善甚至变得更糟的情况。能够采取积极主动做法的关键是有一套核心价值理念来指引教育工作者每天的行为举止。通过坚守这种核心价值理念，模范教育工作者的工作可以防止学生行为不端或学业失败，甚至还会帮助学生走向成功。

结语：用心对待学校里的每一个人，铸就卓越学校

为了完成目标，模范教育工作者会在他们内部和同事之间详细阐述核心要素，以指导自己的每日行为规范。而这些核心要素其实与成功的医生、律师和银行家秉承的核心要素是非常相似的。这些专业人

员能在同辈当中成为佼佼者不仅仅是因为有不同于常人的精湛技术或者专业知识，相反，是他们处理人际关系的能力使得他们在自己喜欢的领域与众不同。沟通、观察、人际关系和期望对于上述提到的每一个职业来说都是非常重要的，也许对于其他行业也是如此，而对于想成为优秀学校中层的人尤其如此。我们已经重复提到过，作为教育工作者，我们是做“人”的工作，我们应该十分擅长上述四个技能，这样才能使我们与各个年龄段、具有不同背景的人交往，使得他们受到激励，开发自身的最大潜能。好学校拥有优秀的老师，也就会取得成功；而优秀的老师应该在沟通、观察、人际关系和期望这四个核心领域里胜过他人。

学校里能专注于这四个方面的老师越多，就会越成功。然而，学校里仅有一部分老师在这些领域有突出能力，而其他老师没有，这是远远不够的。校长和中层应该营造一种校园文化：全校都以这四个核心要素为行为准则。为了营造这样的氛围，学校必须在开学初讨论这些价值理念，探讨上一年在每个领域取得的进展，在接下来的一年又应该如何始终如一地坚持。老师和学校中层应该共同努力，为下一年坚持这四项核心要素拟订具体行动方案，同时应该将这些行动方案与学校的改进计划相结合。

我们必须继续强调，一旦新教师上岗，我们就要尽全力确保他们在这四个核心要素——沟通、观察、人际关系和期望方面，具备更强的能力和更高的素质，以确保学校取得成功。“教学楼里的每一位教育工作者遵循这四大核心要素并在这四个方面表现突出”，营造这样的校园文化是极其困难的。然而，这又是十分简单的，因为不需要理论知识、科学研究，甚至不需要高学位。相反，它需要学校中层以持之以恒的精神和不屈不挠的态度去对待每一位学生和老师，这样才会对学校的成功产生极其积极的影响。一所以拥有专注四大核心要素的教育工作者为特色的学校，一定能够提供在不断变化的时代里支持学生和老师的环境，逐步建立大家的信心。所有的学校都会对来上学的学生产生影响，但好学校会全神贯注，会对学生的一生产生积极、长久的影响，始终如一、持之以恒地体现这四个核心要素：沟通、观察、人际关系、期望。

- ★ 比尔·盖茨推荐
- ★ 入选得到听书“镇馆之宝”
- ★ 入选中国教育报“影响教师的100本书”
- ★ 豆瓣热门教育学图书No.1
- ★ 中国教育学会副会长李希贵特别推荐；新教育实验发起人朱永新作序推荐
- ★ 广受美国教育界专家学者好评：美国教师联盟主席兰迪·温加滕、美国核心知识基金会创始人E.D.赫希、《认知天性》合著者马克·麦克丹尼尔、美国第十任教育部部长小约翰·B.金联袂推荐

为什么学生不喜欢上学？

认知心理学家解开大脑学习的运作结构，如何更有效地学习与思考

ISBN：978-7-5153-6708-8
作者：[美]丹尼尔·T. 威林厄姆
2023-01　定价：59.90元

内容简介：本书以“人类是如何思考和学习的”为线索，按章节依次阐述了大脑关于学习的10项基本运作原理，回答了诸如为何我们无须费力就能记住热播剧剧情却记不住知识等普遍学习困惑，揭示了故事、情感、记忆、背景知识、练习在构建知识和创造持久学习经验中的重要性，据此给出教育工作者提高学生的学习能力及精进教学技艺的方法建议。

作者的多个观点会颠覆你的固有认知，你将会重新认识并思考以下主题：“事实性知识优先于技能知识”“反复练习是精通任何脑力工作的开始”“因材施教是否有科学性证据支持”“智能可通过持续努力而改变”“对于学生不同的学习方式，我是否应该调整我的教学”“学生真能像科学家、数学家、史学家那样思考吗”“技术革新的速度再快，也没有改变人类的思考方式”等。

掌握10大认知原则，就能掌握有效学习的诀窍，不是你不喜欢学习，原来是大脑喜欢这样学！

作者简介：丹尼尔·T. 威林厄姆于杜克大学获得心理学本科学位；1990年，他获得哈佛大学认知心理学博士学位；从1992年至今，他在美国弗吉尼亚大学担任心理学教授。其研究主要关注以大脑为基础的学习和记忆，主要围绕认知心理学在基础教育方面的应用。